Christian Sartorius · Daniel Schweizer

Zeit ohne Ende

Ein Zeit-Reiseführer

Versus · Zürich

Inhaltsverzeichnis

Zeit ohne Ende 7
Ein Zeit-Reiseführer

    Ein Reiseführer zum Umgang mit Ihrer Zeit 8
    Die Highlights der Reise auf einen Blick 9
    Zeit ohne Ende – Zeit-bewusst fokussieren 11

Zwischenstopp 1: Stress-City 13
Die Balance halten in Druck und Stress

    Stress – Was für Stress? 14
    Persönliche Grenzen kennen 16
    Der negative Stress – Enge Wahrnehmung 18
    Das Burnout-Rad 19
    Umgang mit Druck und Stress – Beispiele 22
    Unterschiedliche Wahrnehmung von Drucksituationen 23
    Sechs Tipps zum Umgang mit Druck und Stress 24

Zwischenstopp 2: Grossstadt Fremdbestimmung 37
Von Windmühlen und Eigenverantwortung

    Don Quijote 38
    Die Realität der Fremdbestimmung 39
    Der Umgang mit Fremdbestimmung 41
    Von Eigenverantwortung trotz Fremdbestimmung 43
    Äussere und innere Motivatoren 45
    Von Lust und Last der Verantwortung 47
    Von Opfern und Tätern 49
    Sechs Tipps zum Umgang mit Fremdbestimmung 51
    Die Ausrüstung für die Umsetzungsreise 53

Zwischenstopp 3: Welcome to Deviation Town 69
Umgang mit Störungen – Sinnvolle Abgrenzung

    Ablenkungen und Störungen 70
    Stressstudie 2010 – Stressauslöser Nr. 1 sind «Unterbrechungen» .. 71
    Alle 11 Minuten eine Ablenkung 72
    Der Sägeblatt-Effekt – Zeitverlust durch erneutes Einarbeiten 73
    Äussere Störungen im Arbeitsalltag 74

Innere Störungen 74
Innere Antreiber – den Raum gestalten 75
Sechs Tipps zum Umgang mit Ablenkungen und Störungen 76

Zwischenstopp 4: Mount Focus **91**
Prioritäten: Einblick in mein persönliches Tagebuch

    Wann reicht's? 92
    Wegweiser für die Prioritätensetzung 94
    Den Fokus auf dem Fokus haben 96
    Des Pudels Kern 98
    Sechs Tipps zum Umgang mit Prioritäten 101

Zwischenstopp 5: Eldorado **115**
Methoden und Werkzeuge im Zeitmanagement

    1. Die Zeitmanagement-Pyramide 118
    2. Die sieben Stufen zum erfolgreichen Zeitmanagement 120
    3. Selbstevaluation: Zeitdiebe und Zeitmanagement-Profil 122
    4. Pendenzenliste mit Planung der Aufgabendauer 132
    5. Wochenplan 134

Epilog
Zeit ohne Ende **145**

Literaturverzeichnis **158**

Über die Autoren **160**

Zeit ohne Ende

Ein Zeit-Reiseführer

Zeit ohne Ende: Provokativ, wo Zeit knapper als Geld geworden ist. Da hört mir bitte auf mit Illusionen. Zeit ohne Ende zu haben, ruhig und konzentriert unseren Verpflichtungen nachzugehen und dabei die innere Freude und Energie zu kultivieren: Das bleibt ein Wunschtraum unter den gegebenen Umständen.

Und genau hier setzt dieses Buch an: Wir nehmen Sie mit auf die Reise hinaus aus der ewigen Zeitknappheit, hin an Orte mit Zeit ohne Ende. Sie besuchen aber auch Flecken, die Sie aus Ihrem Alltag bestens kennen, wir möchten Ihnen dort bisher vielleicht verborgene Winkel zeigen.

Ein Reiseführer zum Umgang mit Ihrer Zeit

Dieser Zeit-Reiseführer gibt Antworten, Gedankenanstösse und Tipps auf Kernfragen im Umgang mit der Zeit. Wie können Sie Ihre Zeit zweckmässig und überlegt nutzen? Wie bewahren Sie in einer Zeit zunehmender Fremdbestimmung einen Bereich eigener Bestimmung? Wie gelingt es, inmitten der Tyrannei des Dringenden den Begriff Life-Balance mit echtem Inhalt zu füllen? Wie finden Sie Sinn in dem, was Sie tun und sind? Und was ist eigentlich wichtig? Was ist *Ihnen* wichtig? Was bleiben für Spuren aus Ihrem Tun?

Sie halten einen Reiseführer in der Hand, der Sie auf eine Reise durch Ihren Alltag mitnimmt. Wir laden Sie ein, eine Reiseroute festzulegen, die über das Tagesgeschäft hinausgeht. Das Nachdenken über das Thema Zeit führt zu den zentralen Themen unserer Lebensreise. Im Zeit-Reiseführer erhalten Sie Orientierungspunkte und Fixsterne für Ihre persönliche Zeit-Reise. Wir stellen Ihnen unsere Entdeckungen und Lieblingsorte vor. In den letzten Jahren führten wir als SERVUS-«Tour-Guides» eine grosse Anzahl von Menschen durch Zeitmanagement-Seminare. Wir lassen Sie in diesem Buch teilhaben an den Erfahrungen und Hauptattraktionen dieser Trainingsreisen.

Die Highlights der Reise auf einen Blick

Wir empfehlen Ihnen den Besuch von Gegenden, die Ihnen Inspiration und Sicherheit für Ihre Zeit-Reise geben. Die Reise beginnt an einem Ort, den viele sehr gut kennen: in *Stress-City*. Diese Stadt zeichnet sich aus durch schmale Gassen. Hier fällt manchmal das Atmen schwer. Wir begegnen in jedem Training Menschen, die sich in ihrem Alltag durch diese Enge kämpfen und sich nach Weite sehnen, wo sie wieder einmal tief durchatmen können.

Dann nehmen wir Sie mit in die *Grossstadt Fremdbestimmung*, wo unablässig und in einer zunehmenden *Fremdbestimmung* gearbeitet wird. Unmerklich wird Effizienz wichtiger als Effektivität. Zeit für sich selber und Zeit zum Nachdenken bleibt kaum. Hier fragen die Menschen: Wie kann ich als Zahnrad die Ressource Zeit so nutzen, dass ich morgen in der ganzen Maschinerie drin noch gebraucht werde?

Ein enorm spannender Abstecher führt uns dabei ins Quartier der *Eigenverantwortung*. Sie besuchen mit unserer Reisegruppe dieses pulsierende Kleinod. Es herrscht eine Atmosphäre von Zuversicht und Innovation. Wer aus der Enge des Stresses dorthin reist, muss sich zuerst akklimatisieren, um das Leben in Freiheit neu zu erlernen. Hier leben die Menschen Zeit bewusst und proaktiv. Die Bewohner entwickeln eigene Ideen, wie sie fokussiert welche Aufgaben erledigen und dafür Verantwortung übernehmen.

Hektisch geht's in der Stadt der *Unterbrechungen*, in *Deviation Town*, zu. Die Flut der zahlreichen Störungen lässt kaum konzentriertes und zielgerichtetes Arbeiten zu. Die Folgen sind unübersehbar: Abnehmende Qualität der erledigten Aufgaben, gereizte Kommunikation und ein sinkender Nutzeffekt. Im Moment unseres Besuches läuft die Diskussion, wie der reissende Fluss der Störungen sinnvoll kanalisiert werden kann.

In unseren Trainings freuen wir uns immer wieder darauf, Reisegruppen in die Berge zu begleiten: Auf den *Mount Focus*. Dort oben geht es um *Prioritäten*. Für das Nachdenken über Prioritäten braucht es einen ruhigen Ort und viel frische Luft. Denn Sie benötigen Raum und Zeit für die Frage, was Ihnen im Beruf und im Privatleben wirklich wichtig ist.

Die letzte Station unserer Reise führt uns nach *Eldorado*, wo *Methoden und Werkzeuge* im Zentrum stehen. Der Ruf nach Tools und griffigen Hilfsmitteln ist unüberhörbar, da diese für viele Herausforderungen scheinbar *die* Lösung offerieren. Als eines der Resultate aus den Trainingsreisen haben wir für Sie einen Reisekoffer zusammengestellt. Dieses Gepäckstück braucht von Zeit zu Zeit eine Ergänzung oder eine Auffrischung, damit Sie auf Ihren künftigen Reisen das nötige Rüstzeug rechtzeitig zur Hand haben.

Zeit ohne Ende – Zeit-bewusst fokussieren

Viele erleben Zeit als Takt, der von aussen vorgegeben wird. Die wirtschaftliche Lage fordert Programme, die den Rhythmus der Produktivität stetig erhöhen. Denkpausen sind dünn gesät. Der Motor muss laufen, weil die Konkurrenz nicht schläft. Wir verinnerlichen die Ideen von immer schneller, immer besser. Ohne dass wir es merken, lassen wir uns antreiben und genügen trotz aller Anstrengungen nicht. In diesem Umfeld lösen sich Grenzen auf. 7 mal 24 Stunden Erreichbarkeit sind die Folge.

Zeit ohne Ende: Kein Mensch hat Zeit ohne Ende. Zeit ist begrenzt. Wer seine Zeit-Grenzen bewusst kennt und sich aktiv auf seine Prioritäten fokussiert, ist in der Lage, aus dem berühmten Hamsterrad auszubrechen. Die Auseinandersetzung mit den persönlichen Grenzen führt zu Lebensweisheit und Einsicht. Weg von «Only the sky is the limit» hin zum bewussten Entscheid «Konzentration auf das Richtige».

Es braucht Mut, für sich selber neue Zeit-Gewohnheiten zu entwickeln und diese in kleinen Schritten umzusetzen. Es ist eine Reise in eine andere Kultur. Vieles ist fremd, neuartig und entspricht nicht dem, was Sie sich gewohnt sind. Aus diesem Grund lädt Sie dieses Buch ein, Ihr persönliches Reisetagebuch zu schreiben. Die leeren Reflexions-Seiten geben Ihnen die Möglichkeit, Gedanken, Bilder und Ideen Ihrer ganz persönlichen Reise festzuhalten und sich diese unterwegs oder nach Ihrer Rückkehr in den Alltag weiter vor Augen zu führen.

Wer bewusst über seine Zeit nachdenkt, handelt weise – davon sind wir überzeugt. Schon in den alten biblischen Weisheitsschriften steht: *«Lehre uns bedenken, dass wir sterben müssen, auf dass wir klug werden» (Bibel, Psalm 90.12).* Wir wünschen Ihnen eine gute und nachhaltige Zeit-Reise.

Balance zwischen Arbeit und Erholung

Marktfrau in Saigon (Süd-Vietnam)

Zwischenstopp 1: Stress-City

Die Balance halten in Druck und Stress

Die Menschen in Stress-City bewegen sich schnell und hektisch. Besucher beobachten oftmals gereizte Einwohner. Es scheint, dass sich niemand für den anderen interessiert. Die Fussgänger eilen mit dem Telefon am Ohr zu offenbar wichtigen Terminen. Der aufmerksame Zuschauer fragt sich, was für ein Ziel diese Menschen wohl verfolgen. Im Strassenverkehr wird ungeduldig gehupt und genervt zurechtgewiesen. Kommentatoren schreiben in den lokalen Zeitungen bissige, ja zynische Kommentare über das aufreibende und intensive Leben in der Stadt. Kaum jemand hält inne. Jogger drehen in den Parks verbissen ihre Runden. Messgeräte der neuesten Generation zählen Schritte, senden Informationen über Puls und Fettverbrennung und das Wichtigste: Stets wird auf eine neue Bestzeit hin trainiert.

Als Tourist entdecken Sie in Stress-City eine Anhöhe mit einer wunderbaren Aussicht auf die Stadt. Und Sie wundern sich als Besucher darüber, dass die einladenden Parkbänke von den Bewohnern kaum je genutzt werden. Auch dort unten am Fluss achtet nur vereinzelt jemand auf die verlockende Einladung lauschiger Chill-out-Plätze.

Stress – Was für Stress?

Stress schränkt die optimale Nutzung der Ressource Zeit ein. In Drucksituationen verlieren Menschen den Fokus. Es fällt ihnen schwer, sich zu konzentrieren. Eine Auswirkung von Stress ist ein Gefühl von Enge, Beklemmung. Darunter leiden der Verdauungsapparat, die Muskeln und die Fähigkeit, den Zielsetzungen entsprechend zu handeln. Menschen, die lernen, sinnvoll mit Stresssituationen umzugehen, bleiben im Geschäftsalltag gesund und leistungsfähig.

Regelmässig erscheinen Publikationen und Beiträge in Magazinen und Zeitungen zum Umgang mit den steigenden Anforderungen am Arbeitsplatz und den daraus resultierenden Drucksituationen.

Viele Seminarteilnehmende kennen Menschen in ihrem Umfeld, die ausbrannten. Die diffuse Angst vor «Burnout» geistert wie ein schwer be-greifbares, bedrohliches Gespenst durch die Unternehmen. Niemand will freiwillig eine solche Situation erleben. Vorgesetzte fragen sich: Wie kann ich bei meinen Mitarbeitenden Anzeichen von Burnout erkennen, und was kann ich dagegen tun?

Wenn wir in Seminarveranstaltungen nachfragen, wer persönlich unter Stress leidet, meldet sich kaum jemand. Gespräche mit Geschäftsführern und Personalverantwortlichen zum Thema Stress bleiben oft vage. Die dadurch vermittelte Botschaft: Unsere Mitarbeitenden haben die Drucksituationen im Griff.

Wer wirklich unter Stress leidet, zeigt dies oft nicht. Die Furcht vor den Folgen erscheint zu stark. Wer offen über seinen Stress spricht, wirkt schwach. Schwachheit gibt keiner gerne zu. Viele versuchen, mit Medikamenten über die Runden zu kommen. Der Leistungsteufel treibt uns alle unermüdlich an. Die Devise lautet: Ja keine Schwachheit zeigen, sondern mit Vollgas voran.

Viele suchen erst Unterstützung, wenn es sehr spät ist. Ohne Vorwarnung fallen Personen aus dem Leistungsrad heraus. Der Zeitmanagementexperte Lothar Seiwert publizierte ein Buch mit dem vieldeutigen Titel «Ausgetickt». Seiwert fragt, wohin die Zunahme der Beschleunigung führt. Gibt es ein Limit des menschlich Verkraftbaren? Endet die Fahrt auf der Überholspur im gesellschaftlichen Burnout? Die horrende Raserei kann nur noch von einer jungen, gesunden Elite aufrechterhalten werden.

Es gibt immer mehr Menschen, die in diesem Tempo nicht mehr mitmachen können oder wollen. Die Frage lautet: Wohin führt die ständige Steigerung der Produktivität? Gibt es eine Grenze, wo gut gut genug ist? Wir hören von einer zunehmenden Anzahl Personen, die ihre Arbeitszeit reduzieren und zum Lohnverzicht bereit sind. Ein Seminarteilnehmer meinte: «Am Freitagmorgen steigen bedeutend weniger Leute in den Zug als an einem anderen Wochentag.»

Viele Zeitgenossen sehnen sich nach einem Leben im Gleichgewicht. Schulungsangebote, die sich mit Themen wie Gelassenheit, Entspannung, Meditation, Energiebalance auseinandersetzen, erfreuen sich wachsender Beliebtheit.

Persönliche Grenzen kennen

Druck und Stress zeigen uns allen unsere persönlichen Begrenzungen auf. Eine Grenze ist eine Trennlinie zwischen zwei Bereichen. Im Bereich von Druck und Stress ist es die Linie zwischen gesunder, motivierender Belastung, die zu Topleistungen befähigt, und andauernder Überforderung, die in eine Reduktion der Leistungsfähigkeit mündet.

Durch den technischen Fortschritt ist vieles möglich, was vor ein paar Jahren noch schwer vorstellbar war. Zeitliche Schranken wurden und werden weiter nach aussen verschoben. Die neuen Kommunikationstechnologien arbeiten in Lichtgeschwindigkeit. Folge: Der Mensch stösst an seine Kapazitätsgrenzen, wo die Maschine erst warmzulaufen beginnt.

Wer diesen Herausforderungen erfolgreich begegnen will, muss den Mut haben, seine persönlichen Grenzen zu kennen und zu akzeptieren.

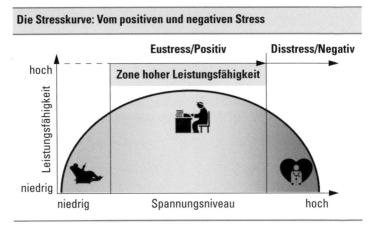

Bilderklärung: Ausgehend vom linken, der Kreativität förderlichen und erholungswirksamen Bereich ergibt sich eine gute Leistung, wenn das Spannungsniveau steigt. Immer wieder erstaunlich ist die hohe Qualität von Resultaten, die Menschen erreichen, wenn sie in der Phase des Eustresses, der Zone des positiven Stresses, zusammen arbeiten und Synergien nutzen.

Der Psychologe Mihaly Csikszentmihalyi bezeichnet diesen Zustand als Flow. Zu hohe Anforderungen schaffen Überforderung, zu geringe Anforderungen Unterforderung und Langeweile.

Nach Csikszentmihalyi unterstützen folgende Punkte den Flow:

- Vorgesetzte, die für klare, angemessene Ziele sorgen, führen ihr Team im Flow.
- Treffen, wo das Team die Resultate auswertet und einander ehrlich Rückmeldungen gibt, unterstützen den Flow in der Praxis. Dies führt zum Gefühl, dass die Menschen die Aktivitäten kontrollieren und nicht umgekehrt.
- Konzentration führt zum Flow. Die Verzettelung und andauernde Ablenkung belastet und führt in die Überforderung.

Wer allerdings den Bogen überspannt, gelangt zunehmend in den absteigenden Bereich der Stresskurve. Hier wird der Stress negativ.

Der negative Stress – Enge Wahrnehmung

Stress verengt unsere Wahrnehmung. So sitzt ein Familienvater, Mitte dreissig, abgekämpft im Seminar. Er kann sich kaum wach halten. In einer Pause komme ich mit ihm ins Gespräch. Er erzählt mir, dass er auf Montage im Ausland arbeite. Seine langjährige Erfahrung auf diesem Maschinentyp ist gefragt. Er erwähnt, dass er wegen der Familiensituation nicht mehr so viel reisen möchte. Er werde die Situation bald ändern. Auf meine Nachfrage, wie lange er schon in diesem Zustand arbeite, antwortet er: Fünf Jahre.

Seit fünf Jahren lebt der Mann in der Annahme, dass sich bald etwas ändert. Er ist immer noch viele Wochen pro Jahr im Ausland tätig. Oft muss der Rückreisetermin wegen Verzögerungen nach hinten verschoben werden. Warum ändert er nichts? Er lebt in der Hoffnung, dass er nur noch eine kurze Zeit auf diese Art und Weise arbeiten muss. Das Problem: Die «kurze Zeit», die jetzt schon fünf Jahre dauert, saugt aus. Er fühlt sich im Tunnel gefangen und sieht den Ausweg nicht mehr.

Ein Arzt sitzt deprimiert im Zeitmanagement-Training. Seine Aufgabenliste enthält über zweihundert offene Punkte. Seine Anspannung ist für alle im Raum spürbar. Wir reden über den negativen Stress, das zu hohe Spannungsniveau. Aus medizinischer Sicht weiss er genau: Die andauernde Anspannung führt zum Herzinfarkt. Die unerledigten Punkte auf der Pendenzenliste belasten ihn. Es ist für ihn selbst schwierig, einen Ausweg zu sehen.

Wer über längere Zeit im Zustand des negativen Stresses lebt, verspannt sich zunehmend und gefährdet seine Gesundheit. Wer nicht für Entspannung sorgt, beginnt den Druck auch physisch zu bemerken. Das menschliche Herz kann dem Druck nicht dauernd standhalten. Der Rücken schmerzt. Die Verdauung streikt, weil eben auch Magen und Darm von der Anspannung betroffen sind. Kopfschmerzen und Migräne gehören in die Liste der körperlichen Signale der Beanspruchung. Neben diesen physischen Problemen führt eine dauernde Überlastung aber auch zu abnehmender Qualität in der Arbeit. Fehlt zum Beispiel die Zeit, die Mails vor dem Absenden durchzulesen, steigt die Fehlerhäufigkeit sogar bei ansonsten gewissenhaften Mitarbeitenden.

Das Burnout-Rad

Für Seminarteilnehmende ist das Burnout-Rad eine hilfreiche Illustration zur Einschätzung der eigenen Belastungssituation.

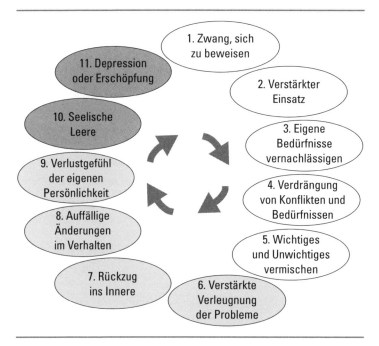

Bilderklärung: Jedes Oval zeigt einen Gefühlszustand. Wenn der Druck zunimmt, spüren wir die Auswirkungen der nächsten Stufe. Bis hin zu Stufe 5 ist eine selbständige Rückkehr in den gesunden Bereich möglich. Die Stufen 6 bis 9 erfordern professionelle Coaching-Hilfe. Stufen 10 und 11 bedingen zur Heilung psychologische und medizinische Unterstützung.

Stufe 1: Zwang, sich zu beweisen

In einer Zeit, wo viel Arbeit wartet, ist Ehrgeiz ein wichtiger Treiber, sich zu beweisen und eine Topqualität abzuliefern. Die erste Stufe zeugt von einer gesunden Arbeitseinstellung.

Stufe 2: Verstärkter Einsatz

Sollte die Arbeitslast nicht abnehmen, muss der Einsatz verstärkt werden. Oft geschieht dies mit einer sorgfältigen Planung. Freiräume im Terminkalender werden für die zusätzliche Arbeit genutzt. Hier beginnt das Gefühl der Zeitdichte: Ein Termin folgt auf den nächsten. Das Hamsterrad beginnt schneller zu drehen.

Stufe 3: Eigene Bedürfnisse vernachlässigen

Die ersten zwei Stationen im Burnout-Rad sind vertraut und nicht bedrohlich. Viele Seminarteilnehmende hören ab der dritten Phase aufmerksam hin. Die Leistungsgesellschaft diktiert, die persönlichen Bedürfnisse hinter die beruflichen Anforderungen zu stellen, wenn die Belastung nicht abnimmt.

Die Zeit für den Sport oder für die Familie fallen sehr oft den wichtigen geschäftlichen Prioritäten[1] zum Opfer.

Stufe 4: Verdrängung von Konflikten und Bedürfnissen

Führungskräfte fühlen sich häufig bei Stufe 4 angesprochen. Arbeit und Termine fühlen sich an wie eine Lawine, gegen die sie ankämpfen müssen. Viel Kraft wird in die Bewältigung des Tagesgeschäfts investiert. Wenn jetzt im Team Konfrontationen auftauchen, wird die Konfliktlösung auf die lange Bank geschoben. Weil die Spannungen nicht frühzeitig angesprochen werden, wächst der emotionale Führungsstress parallel zur Arbeit.

Stufe 5: Wichtiges und Unwichtiges vermischen

Weil sich die Wahrnehmung immer mehr verengt bis hin zum berühmten Tunnelblick resp. im Bereich der Kommunikation zum «Tunnelgehör», ist es nicht mehr möglich, Wichtiges von Unwichtigem zu unterscheiden. Es fehlt die Energie zur Prioritätensetzung. In diesem Zustand geht es nur noch um das Abarbeiten. Die Last muss endlich leichter werden. Die Arbeit läuft im Überlebensmodus und es bleibt keine Zeit mehr, um sich Übersicht zu verschaffen. Planung und Prioritätensetzung verlangen ein gewisses Mass an

---

1 Dem Thema Prioritäten gehen wir beim Besuch von Mount Focus in Zwischenstopp 4 (Seite 91 ff.) vertieft nach.

Musse und innerer Ruhe für Weitblick; ab Stufe 5 bleibt dafür kein Raum mehr.

Stufe 6: Verstärkte Verleugnung der Probleme

Partnern, Arbeitskollegen und guten Bekannten fällt in dieser Phase eine Verhaltensveränderung auf. Manche Personen reagieren gereizt, andere äussern sich zynisch und laut. Der Körper meldet sich in diesem Zustand unüberhörbar. Hier sollte fremde Hilfe zum Beispiel durch einen Coach beigezogen werden.

Stufen 7 bis 11: Rückzug ins Innere bis Depression

Es gibt bei jedem Menschen eine innere Grenze. Wenn diese Grenzlinie überschritten wird, ist er kaum mehr in der Lage, selbständig aus dem Kreislauf auszubrechen. Das Rad beginnt sich immer schneller zu drehen. Die Stressspirale bewegt sich, bis er erschöpft aufschlägt. In diesem Zustand kann er nur noch schwer selber entscheiden. Er braucht Wege und Möglichkeiten, Belastungssituationen zugunsten seiner Gesundheit zu reduzieren. Und er sollte solche Schritte auf dieser Stufe rasch angehen. Bitte sprechen Sie in einer solchen Situation unbedingt mit einer Vertrauensperson!

Umgang mit Druck und Stress – Beispiele

Ein global tätiges Unternehmen zentralisiert die IT-Systeme in der Schweiz. Für die Projektteams bedeutet dies: Morgens Workshops mit Asien, abends wartet Nordamerika. Über längere Zeit sind die nötigen Präsenzzeiten kaum zu bewältigen. Es wird verlangt, dass die Mitarbeitenden rund um die Uhr verfügbar sind. Die Personalverantwortlichen beobachten, dass junge Arbeitnehmende nichts gegen die langen Präsenzzeiten einwenden. Anders reagieren Personen, die in einem Familienrahmen oder festen Partnerschaften leben. Sie erfahren Dauerbelastung zunehmend als negativen Stress.

Da der Stellenmarkt für Fachkräfte momentan weitgehend ausgetrocknet ist, sind Unternehmen dringend gefordert, innovative Zeitmodelle einzuführen. Folgende Punkte dienen als Anhaltspunkte:

- Arbeiten mit einer Jahresarbeitszeit. Wer in der Nacht arbeitet, darf am nächsten Tag ohne schlechtes Gewissen später kommen.
- Einrichtung von Schichtarbeit analog zu Produktionsbetrieben. Informationen über den Verlauf eines Projektes werden konsequent an einem Ort für alle einsehbar abgelegt.
- Den Mitarbeitenden werden Zeitfenster für ungestörtes Arbeiten zugestanden.
- Klare Stellvertreterregelung: Personen wechseln sich zum Beispiel bei Telefonkonferenzen ab.

Unterschiedliche Wahrnehmung von Drucksituationen

Während sich eine Person von einer Situation stark gestresst fühlt, ist die gleiche Situation für eine andere leicht zu bewältigen.

Regelmässig verbringe ich meine Ferien an der Nordseeküste. An einem Tag wehte ein starker Wind. Als Binnenländer waren wir nicht lange am Strand, weil es für uns zu windig und zu kalt war.

Am Abend wurde am Fernsehen ein Interview mit Profi-Kite-Surfern gezeigt. Sie beschwerten sich, dass an diesem Tag zu wenig Wind für ihren Wettkampf wehte. Es handelte sich um den gleichen Strandabschnitt und das gleiche Wetter. Die Einschätzung war jedoch völlig unterschiedlich.

Die unterschiedliche Bewertung einer Situation kann zu Kopfzerbrechen führen, wenn sich Mitarbeitende über Stress beklagen. Manchmal ist es nur schwer vorstellbar, weshalb eine Situation zu Stress führen soll. Folgende Punkte können für die Gestaltung der Arbeitsumgebung als Leitplanken dienen:

- Führungspersonen haben die Aufgabe, die Anforderungen der Arbeitsstelle mit den Kompetenzen des Stelleninhabers abzugleichen.
- Der sinnvolle Umgang mit der Ressource Zeit ist unerlässlich. Manchmal ist es hilfreich, wenn Mitarbeitende ihre Tätigkeiten über einen Zeitraum von zwei Wochen genau erfassen. Damit wird ersichtlich, wo die einzelnen Zeitdiebe sitzen.
- Zwei Werkzeuge zur Erfassung von Zeitdieben und Arbeitseffizienz stellen wir Ihnen beim Abstecher nach Eldorado in Kapitel 5 vor (Seite 115ff.).
- Informationen sollen gezielt weitergegeben werden. Jedoch nur so viel, wie notwendig ist. Die Informationsflut gilt es einzudämmen.

Sechs Tipps zum Umgang mit Druck und Stress

> Stress-City ist überall! Jeder Arbeitsplatz, jedes Dorf und jede Stadt kann sich in Stress-City verwandeln. Der Wechsel vom beobachtenden Besucher zum in der Falle sitzenden Einwohner vollzieht sich oft unmerklich. Nachfolgend haben wir für Sie Tipps zusammengestellt, wie Sie Besucher der Stadt bleiben und die erholsame Anhöhe sowie die Plätze unten am Fluss bemerken und aufmerksam geniessen können.

Tipp 1: Sein Umfeld auf Stress analysieren – Wie viele Lebenshüte tragen Sie?

Das Konzept der Lebenshüte stammt vom Zeitmanagementexperten Lothar Seiwert. Wir verwenden diese Metapher immer wieder in Seminaren. Viele Leute fühlen sich angesprochen, weil sie das Gefühl kennen, *«nicht alles unter einen Hut zu bringen»*. Jeder Hut steht für eine Verantwortung bzw. eine Rolle im Leben. Es geht um die Frage: Wo sind Menschen von mir abhängig? Eine Führungskraft trägt zum Beispiel den Hut des Leiters, des Fachexperten, des Beraters und des Verkäufers. Dazu kommen weitere Verantwortungen aus dem privaten Bereich: Vater, Ehemann, Feuerwehroffizier, Fussballtrainer etc.

Während einer Seminarveranstaltung verstummte plötzlich der «Klassenclown», der während des ersten Teils die Gruppe mit seinen witzigen Bemerkungen unterhielt. In der Pause setzte ich mich zu ihm an den Tisch. Diese Hut-Übung zeigte ihm auf, weshalb sein Leben aus den Fugen geraten war: Er übernahm neu in der Feuerwehr eine Verantwortung. Zudem war er dabei, in viel Eigenleistung ein Bauernhaus umzubauen. Gleichzeitig war er Vater von zwei Kindern. Im Beruf wurde er zum Teamleiter befördert. Jede Minute war verplant. Es wurde ihm auf einen Schlag klar, dass er zu viele Hüte auf einmal trug.

Tipp 2: Legen Sie Lebenshüte ab

Wer sein Leben in Balance hält, ist bereit zum Verzicht. Ein Kursteilnehmer berichtete: «Als die Kinder in die Familie kamen, realisierte ich, dass ich ein Portfolio habe, das zwei Personen ausfüllt.» Er hat sich entschlossen, auf einen Teil des Lohns zu verzichten, und arbeitet heute als Führungsperson nur noch 80%. Der Zeitforscher Karlheinz Geissler sagt in einem Interview mit dem Journalisten Opitz: *«Wenn ich auf das neueste Handy verzichte, lande ich nicht unter der Brücke. Unsere Gesellschaft bietet so viele Optionen; ich kann nicht alles tun und bin zum Verzicht angehalten.»* Der Umgang mit Verzicht und die konkrete Wahl von Optionen sind Kernthemen auf unserer Weiterreise in die Grossstadt Fremdbestimmung im nächsten Kapitel.

Tipp 3: Investieren Sie Zeit und Energie in alle vier Lebensbereiche

Die uns zur Verfügung stehende Zeit lässt sich in vier grosse Bereiche einteilen:
- Körper/Gesundheit
- Leistung/Arbeit
- Kontakte/Soziales/Beziehungen
- Sinn/Erfüllung

Bereich Körper/Gesundheit Was für eine Sportart bzw. Bewegungsart macht Ihnen Freude? Fachleute raten, zwei bis drei Mal in der Woche Fitness einzuplanen, ohne dass Sie dabei primär Ihre Leistungsgrenze ausweiten wollen und sich auch in diesem Bereich unter Druck setzen.

Essen Sie gesund und achten Sie auf ausreichende Nährstoffe.

Bereich Leistung/Arbeit Sind Sie am Ende eines Arbeitstages zufrieden? Setzen Sie gezielt Prioritäten und planen Sie Ihren Arbeitstag.

Gehen Sie bewusst mit Ihrer Arbeitszeit um. Sie werden auch dann nicht alle Pendenzen erledigt haben, wenn Sie wieder eine Stunde länger als alle anderen dran bleiben.

Bereich Kontakte/Soziales/Beziehungen Pflegen Sie Kontakte zu Freunden und Bekannten. Unternehmen Sie mit der Familie etwas. Laden Sie Freunde zu einem guten Essen ein und geniessen Sie ein Glas Wein. Tragen Sie private Termine in Ihre Geschäftsagenda ein.

Bereich Sinn/Erfüllung Überlegen Sie sich, was Ihrem Leben Sinn gibt und was Sie als wertvoll betrachten. Was für Spuren hinterlassen Sie bei wem nach dem heutigen Tag? Was für Spuren wollen Sie morgen und ganz am Schluss hinterlassen?

Überbewerten Sie den Bereich Leistung/Arbeit nicht Viele Menschen bauen ihre Identität auf ihre Arbeit. Sie sind, was sie leisten. Das Produktivitätsdenken ist bei ihnen persönlich angekommen. Es geht bei der Arbeit um die Nutzenmaximierung. Johannes Czwalina schreibt: *«Bisher bleiben Identität und Sinnerfüllung in der Erwerbsgesellschaft abhängig von Leistung, Aussehen, Attraktivität und Nützlichkeit. Der Preis dafür ist hoch. Viele Menschen stehen permanent unter gesundheitsschädigendem Leistungsdruck, und die meisten haben Angst vor dem Absturz. Wer weiss denn, ob er morgen noch gesund ist, noch so nützlich, leistungsfähig, attraktiv wie heute?»*

Sorgen Sie für Ausgleich in Ihrem Leben. Dann sind Sie in der Lage, Ihre Leistung mit einem gesunden Abstand zu betrachten und rechtzeitig Tankstellen aufzusuchen. Investieren Sie aber Ihre gesamte körperliche und mentale Kraft über längere Zeit in die Arbeit, nimmt die Leistungsfähigkeit unweigerlich ab.

Die Anforderungen und Erwartungen am Arbeitsplatz nehmen keine Rücksicht auf die anderen Lebensbereiche. Solange Sie den Ausgleich schaffen, gibt es keinen Handlungsbedarf. Da, wo Sie bei sich selber Anzeichen von Überlastungsstress feststellen, ist Ihre Entscheidung gefragt. Sie müssen schlussendlich selber bestimmen, etwas in Ihrem Leben zu verändern oder weiterzumachen.

Der Entschluss, sich zu verändern, kann Angst auslösen. In Seminaren hören wir oft: «Ich muss einfach weitermachen, in meinem Alter finde ich keine andere Beschäftigung mehr.» «Bei meinem Chef kannst du mit solchen Weicheier-Argumenten nicht kommen – entweder du erfüllst die Erwartungen oder du bist weg vom Fenster.» «Es braucht Mut, auf diese Art und Weise zu handeln – ich weiss nicht, ob ich diesen Mut habe.»

**Tipp 4: Nehmen Sie sich Zeit
für eine sorgfältige Standortbestimmung**

Wir beobachten immer mehr Menschen, die aus dem System fallen. Sie können dem Druck nicht länger standhalten. Manche haben den Mut nicht aufgebracht, etwas zu verändern. Sie haben nicht selbst entschieden. An dem Punkt, wo sie keine Kraft mehr hatten, haben dann andere für sie bestimmt.

Hilfreiche Fragen zur persönlichen Standortbestimmung:

- Wie stellen Sie sich Ihr Leben im Gleichgewicht vor?
- Was sind Ihre wirklichen Bedürfnisse? Wo sind sie erfüllt, und wo ergeben sich Abweichungen?
- Wo liegen die Ursachen für ein Ungleichgewicht?
- Wie erreichen Sie eine selbstbestimmte neue Ordnung in Beruf und Privatleben?
- Wie gewinnen Sie mehr Zeit für das Wesentliche?
- Welche Ziele und Massnahmen wollen Sie im Beruf und in der Familie sowie in gesundheitlicher Hinsicht realisieren?

Tipp 5: Übernehmen Sie Verantwortung und handeln Sie selbständig

Übernehmen Sie die Verantwortung für Ihr Leben. Niemand kann für Sie entscheiden, ohne dass Sie das zulassen. Sprechen Sie mit vertrauten Personen über Ihre innersten Bedürfnisse.

Sagen Sie nicht mehr «Ich muss». Ändern Sie Ihre Sprache und sprechen Sie davon, was Sie beschlossen haben. Wer selbständig handelt, sagt manchmal Nein. Mit einem klaren Nein ziehen Sie eine klare Grenze. Wer Ja sagt, nur um die Anerkennung zu erhalten, ist nicht mehr selbständig und frei. In der Selbständigkeit ist die offensive Lösung von Konflikten enthalten.

Tipp 6: Stärken Sie Ihr Selbstvertrauen

Situationen hoher Belastung sind Wasser auf die Mühlen der Opferrolle. Durch Stress geht der Blick auf das gesamte Bild verloren. Der Blick wird eng, und Sie empfinden sich als Spielball der äusseren Umstände. Eine solche Situation kann ins Selbstmitleid treiben. Die Konsequenz davon ist, dass Ihr Selbstvertrauen abnimmt. Stärken Sie Ihr Selbstvertrauen, indem Sie sich auf Ihre Erfolge und auf Ihr Können konzentrieren. Lassen Sie nicht zu, dass der Stress Ihr Selbstvertrauen angreift.

Mit dem Entscheid, welche der Tipps Sie umsetzen wollen, haben Sie die Analyse abgeschlossen, wo Sie momentan belastungsmässig stehen. Damit haben wir die Basis für unsere Weiterreise gelegt. Wir sind unterwegs in die Grossstadt «Fremdbestimmung».

Gedanken, Bilder und Ideen Ihrer ganz persönlichen Zeit-Reise:

Eingespannt im Karren des Alltags

Fremdbestimmung made in Vietnam:
Arbeiterin in Hanoi – und laufend werden neue Lasten aufgeladen

Zwischenstopp 2: Grossstadt Fremdbestimmung

Von Windmühlen und Eigenverantwortung

Menschen in verschiedenen Ländern, Städten und Dörfern fassen ihre Lebenserfahrungen in Geschichten und Anekdoten. Manche dieser Erzählungen werden von einer Generation zur nächsten weitergegeben. Die Menschen in der Stadt «Fremdbestimmung» sitzen gerne zusammen und erzählen solche Geschichten. Die Helden und Figuren in diesen Erzählungen haben eine Gemeinsamkeit: Ihre Vorhaben und geplanten Aktionen können sie selten ausführen, weil eine fremde Macht, ein Herrscher von einem anderen Land oder äussere Umstände sie an der tatkräftigen Umsetzung hindern. Der Stadtrat bestimmt den Tag der «Fremdbestimmung» als Feiertag. Die Leute suchen immer wieder nach neuen Gründen, warum ihre Vorhaben nicht gelingen. Wenige fragen nach ihrem persönlichen Einflussbereich. Dafür werden Gesellschaft, Konkurrenz und das Umfeld als Begründung für den misslungenen Alltag angeführt. Die Leute hier leben nach dem «Es ist halt so, ich kann nichts ändern»-Prinzip. Ein Beispiel für eine solche Geschichte, die Weltruhm erlangte, ist Miguel de Cervantes' Roman «Don Quijote».

Don Quijote

«An einem Orte der Mancha, an dessen Namen ich mich nicht erinnern will, lebte vor nicht langer Zeit ein Hidalgo, einer von jenen, die einen Speer im Lanzengestell, eine alte Tartsche, einen hageren Gaul und einen Windhund zum Jagen haben.»
(Miguel de Cervantes, Don Quijote)

Don Quijote ist auf seinem dürren Pferd Rosinante unterwegs. Begleitet von seinem Stallmeister Sancho Panza hat er fürchterliche Abenteuer zu bestehen. Der Antrieb in seinem Bestreben ist jenes Bauernmädchen, das er seit seiner Jugend nicht mehr gesehen hat und die er zur Gebieterin seines Herzens erkoren hat. Dulcinea von Toboso, so nennt er die süsse heimlich Angebetete, kriegt er zu seinem Leidwesen und zum Leidwesen des Lesers während der ganzen Abenteuer nie zu Gesicht. So sind Sancho Panza, der getreue Knappe, und Don Quijote unterwegs, als der Ritter von weitem vermeintliche Riesen erkennt. Gemeinsam versuchen sie diese in Form von Windmühlen daherkommenden Riesen zu besiegen. Sancho Panza erkennt den Irrtum seines Herrn und versucht, ihn von seinem Ansinnen abzubringen. Aber alles Argumentieren nützt nichts. Erschöpft und desillusioniert bricht Don Quijote den Versuch schlussendlich ab und bläst um einen Fehlschlag reicher zum Rückzug.

Ganz ähnlich geht es jenen Seminarteilnehmenden, die in unseren Kursen zum Beispiel folgende Aussagen gemacht haben: «Ich arbeite in einer Dienstleistungsabteilung. Deshalb bin ich praktisch zu hundert Prozent fremdbestimmt.» «Als Telefonistin in der Zentrale habe ich keine Möglichkeit, meine Zeit selbst zu bestimmen.» «Als Verkäufer wird meine Zeit fast ausschliesslich durch Kunden getriggert.» «Als Teamleiterin springe ich den ganzen Tag den Bedürfnissen anderer hinterher und komme erst am Schluss des Tages dazu, meine Aufgaben anzugehen. Und da wäre eigentlich Feierabend.» «Als Projektleiter bin ich darauf angewiesen, von anderen Abteilungen rechtzeitig benötigte Informationen zu erhalten. Wenn ich nicht dauernd Druck mache, kommt von dort aber zu wenig, so dass ich am Schluss meine gemachten Zusagen nicht einhalten kann.»

Die Realität der Fremdbestimmung

Eine Realität im heutigen Arbeitsleben ist es, dass Ihre Zeit zu einem grossen Teil fremdbestimmt ist. Deshalb ist einer der Kerngedanken für den erfolgreichen Umgang mit der knappen Ressource Zeit folgender: Es ist zentral zu erkennen, bei welchen Herausforderungen Sie einen echten Entscheidungseinfluss haben, und wo es sich um Windmühlen handelt. Wo macht es Sinn, dass Sie Zeit und Energie einsetzen, um Ihre Ideen umzusetzen? Und wo lohnt sich das nicht, und es ist besser, die gesetzten Rahmenbedingungen zu akzeptieren? Diese Unterscheidung trägt dazu bei, dass Sie vor negativen Auswirkungen wie Frustration und Ohnmachtsgefühl bewahrt bleiben. Für mich persönlich hat der Windmühle-Gedanke dazu beigetragen, meine Aktivitäten zumindest mehrheitlich darauf zu konzentrieren, was wirklich Sinn macht und Windmühle-Realitäten zu akzeptieren. Er hat mich auch davor geschützt, allzu häufig in zermürbende Grabenkämpfe und in Sackgassen zu geraten.

Stephen Covey hat dieses Prinzip in Form von zwei konzentrischen Kreisen dargestellt:

Der innere, kleinere Kreis umfasst den selbstbestimmten Einflussbereich (circle of influence), der äussere, grössere die Fremdbestimmung (circle of concern), also die Windmühlen. Eigenbestimmung ist gemäss dieser Definition eingebettet in eine Umgebung, die durch Fremdbestimmung gekennzeichnet ist.

Wir beobachten eine steigende Zahl von Seminarteilnehmenden, die diesen Umstand als mühsam und zermürbend betrachten und dagegen ankämpfen. Überbordende Fremdbestimmung, Zeitmangel,

Informationsfülle, häufige Unterbrechungen sowie das Gefühl von Ausgeliefertsein und damit von Machtlosigkeit gehören zu den stärksten Stressfaktoren und Demotivatoren. So wie für jenen Teamleiter, der eine Situation aus seinem Alltag schildert: «In meinem Team sind alle zu 150% ausgelastet. Und jeder versucht, Verantwortung und Arbeit an andere weiterzudelegieren – aber da ist keiner, der dafür Kapazität hat.» Oder jener IT-Spezialist, der bei dieser Szene ansteht: «Während des Testens einer Erweiterung unseres Systems kommt ein Gruppenleiter vorbei und benötigt meine Hilfe. Wissen Sie, das Testen ist sehr komplex. Sich wieder neu in die Aufgabe einzudenken, benötigt viel Zeit. Wie soll ich mich verhalten, ohne unhöflich oder abweisend zu sein?»

Der Umgang mit Fremdbestimmung

Ihre Reaktion auf Fremdbestimmung wird von Ihrer Grundhaltung bestimmt: Ist es Ihnen ein echtes Anliegen, Ihre Ziele nicht aus den Augen zu verlieren und diese durch alle Böden hindurch zu verfolgen? Konzentrieren Sie sich also auf das, wo Sie zumindest einen gewissen Einfluss haben und etwas bewegen können? Oder erleben Sie Fremdbestimmung primär als etwas Frustrierendes und wähnen sich dadurch vielleicht in der Opferrolle?

Zwei praktische Schritte stehen am Anfang des professionellen Umgangs mit Fremdbestimmung:

- 1. Schritt: Klassifizierung der Herausforderung: Gehört die Aufgabe in die Gruppe der nicht verhandelbaren Randbedingungen, wo Sie fremdbestimmt sind? Oder gehört sie zu jener Gruppe von Aufgaben, wo Sie zumindest teilweise Einfluss haben?
- 2. Schritt: Entscheid Ihrer Haltung: Sehen Sie sich als Opfer der Umstände, wenn die Fremdbestimmung überbordet? Oder freuen Sie sich über jene anderen Aspekte, wo Sie Einfluss haben?

Wo sehen Sie hin: Auf den Frust der Ohnmacht oder auf das, was Sie wachsen lässt und erfüllt? Niemand kann Ihnen von aussen eine Haltung aufzwingen. Der Entscheid Ihrer Haltung liegt immer bei Ihnen selbst. Fremdbestimmung ist eine typische Windmühle, gegen die ein Kampf aussichtslos ist. Was aber von Erfolg gekrönt sein wird, ist der intelligente Umgang mit Fremdbestimmung. Und darauf gehen wir im Folgenden vertieft ein.

Es lohnt sich, einen Blick auf folgende sechs Fremdbestimmungs-Realitäten zu werfen:

- Realität I: Fremdbestimmung nimmt auf breiter Basis zu. Dies gilt unseren Beobachtungen zufolge nicht nur in Grosskonzernen, sondern zunehmend auch in KMU und NPO.
- Realität II: Eine zunehmende Fremdbestimmung führt zur Konzentration auf Einzelaufgaben: Wir alle sind kaum mehr in der Lage, das ganze Bild zu sehen. Im steigenden Zeitdruck drin konzentriert sich jeder darauf, wenigstens diese eine Aufgabe zu erledigen, auch wenn dies mangels Gesamtüberblick zum Teil nur noch suboptimal gelingt.

- Realität III: Dadurch werden Kontaktpunkte in der Zusammenarbeit vermehrt zu Schnittstellen oder gar zu schwer durchdringbaren Lehmschichten. Kommunikation in Form von Mails und anderen elektronischen Kanälen anstelle von persönlichen oder wenigstens telefonischen Absprachen sind eine typische Konsequenz dieser Entwicklung. Missverständnisse bis hin zu Konflikten sind eine logische Folge.
- Realität IV: Zunehmende Fremdbestimmung führt tendenziell verstärkt zum Gefühl der Machtlosigkeit und zur Denkhaltung «Ich bin das Opfer der Umstände». Unsere letzten Freiheiten schwimmen dahin. Ein Seminarteilnehmer hat diesen Umstand so auf den Punkt gebracht: «Ich setze mir jeden Tag ein persönliches Ziel, was die Arbeit angeht. Dann wird man durch Mails, Arbeitskollegen etc. unterbrochen. Am Abend fühle ich mich manchmal gestresst. Ich habe zwar hundert Sachen der anderen erledigt, aber mein Ziel habe ich nicht erreicht.»
- Realität V: Dieses tendenziell wachsende «Opfer der Umstände»-Gefühl führt zu einer Zunahme des Hochspülens von Entscheiden auf die nächsthöheren Hierarchiestufen. Wenn Sie das gesamte Bild nicht mehr sehen, können und wollen Sie nicht mehr selbst entscheiden.
- Realität VI: Die wachsende Fremdbestimmung führt zu einer steigenden Zahl von Terminverschiebungen bei Projekten und an interne und externe Kunden gemachten Zusagen. Darunter leidet nicht nur die Glaubwürdigkeit der involvierten Stellen, sondern ganzer Abteilungen und der gesamten Firma.

Von Eigenverantwortung trotz Fremdbestimmung

Verstehen Sie uns richtig: Eine gewisse Dosis Fremdbestimmung an sich ist nicht falsch. Sie erhalten dadurch Leitplanken für die Prioritätensetzung im täglichen Kampf gegen die Tyrannei des Dringenden, denn es sagt Ihnen jemand, was Sie wann zu erledigen haben. Heikel wird es dann, wenn diese Entwicklung überbordet. Nicht die Tatsache der zunehmenden Fremdbestimmung an sich ist fatal, sondern die Gefahr der daraus resultierenden Reduktion der Eigenverantwortung. Wenn Sie zunehmend fremdbestimmt sind, dann sinken Ihre Freiheitsgrade. Und wenn «die anderen» (wer und wo immer die auch sind) Sie zumüllen und Ihre Freiheiten einschränken, dann ziehen Sie sich in Ihrem Einfluss- und damit Eigenverantwortlichkeitsbereich immer weiter zurück. Stellenbeschreibungen werden zu einem Revier, das es zu verteidigen gilt, aus dem Sie aber auch kaum mehr ausbrechen. Abteilungen organisieren deshalb die Arbeitsabläufe vor allem nach ihren eigenen Bedürfnissen, ohne dabei die Erfordernisse des Gesamtprozesses als Wegweiser zu nehmen. Oft, weil sie diese auch kaum mehr erkennen.

Werner Sombart formulierte die zentrale Frage der Eigenmotivation bereits 1913: *«Wie ist dieses möglich, dass gesunde und meist vortreffliche und überdurchschnittlich begabte Menschen so etwas wie wirtschaftliche Tätigkeit wollen und diese nicht nur als eine Pflicht, nicht nur als ein notwendiges Übel tun, sondern weil sie sie lieben, weil sie sich ihr mit Herz und Geist, mit Körper und Seele ergeben haben?»*

Führungskräfte aller Stufen fragen heute ähnlich:

- Was kann ich tun, damit Mitarbeiter Verantwortung übernehmen?
- Wie setze ich das Potenzial meiner Mitarbeiter frei?
- Wie kann ich die Begeisterung für die Zielerreichung zurückgewinnen?
- Wie schaffe ich ein Unternehmen, in das die Mitarbeiter morgens lieber hineinkommen als sie am Abend herausgehen?

Der wichtigste Rohstoff, über den die Schweizer Wirtschaft verfügt, ist die Bereitschaft zum Lernen und zum Mitmachen. Die geldmotivierte Schiene ist dabei nur bedingt wichtig. Eine Veränderung von Kultur und Organisationsstrukturen hingegen ist zentral: Freiräume schaffen, flache Hierarchien, Dezentralisierung, Mitbestimmung in Arbeitsgruppen, Ownership fördern. Alle diese Managementkonzepte greifen aber nur, wenn sie einen Einfluss auf die Einstellung der Menschen haben. Struktur und organisierte Kultur sind für 20% des Resultates verantwortlich. Der Rest ist Herzblut, Wille zum Sieg, Überzeugung, Hunger auf Leistung, Freude an der Wertschätzung, Stolz auf die Firma. Spiele werden im Kopf und im Herz gewonnen. Je schärfer der Wettbewerb und je grösser die Leistungsforderungen, desto wichtiger ist die innere Einstellung, mit der die Mitarbeiterin mitwirkt, die Führungskraft führt, der Verkäufer zum Kunden geht. Und daraus entsteht die anspornende Gewissheit: «Mein Beitrag zählt!»

Äussere und innere Motivatoren

Motivationspsychologisch unterscheidet man zwischen extrinsischen (von aussen kommenden) und intrinsischen (von innen kommenden) Anreizen[1]. Neuere Befunde zeigen, dass es oft äussere Anreize sind, die langfristig den Eigenantrieb zerstören. Nicht umsonst sprechen wir von «Motivationsspritzen», deren Effekt relativ rasch abflacht. Belohnungen zerstören den Spass an der Sache selbst und ersetzen ihn durch Bindung an die Belohnung. Keine einzige Studie konnte bisher nachweisen, dass Prämiensysteme eine dauerhafte Leistungsverbesserung hervorbrachten. Motivation lässt sich nicht kaufen. Oder wie es Otto Rehagel formulierte: *«Geld schiesst keine Tore.»* Damit bestätigt sich die Führungsregel: «Pay performance, promote potential!» – Leistung bezahlen, Potenzial befördern. Nicht umgekehrt! Ein guter Verkäufer ist nicht zwingend ein guter Verkaufsleiter.

Während meiner Zeit bei Sulzer in Brasilien hat Santista Textil (heute Tavex, Grupo Camargo Corrêa) als einer der weltgrössten Jeans- und Frottierware-Hersteller ein damals revolutionäres Team-System aufgebaut: In den Webereien waren nicht mehr wie zuvor einzelne Webermeister für kleinere Maschinengruppen verantwortlich, sondern es wurden Teams für eine grössere Anzahl von Produktionseinheiten eingesetzt. Die in den Equipen erzielten Resultate und Qualitäten wurden regelmässig gemessen und publiziert. Plötzlich war es dem einzelnen Weber bzw. der einzelnen Weberin nicht mehr egal, ob am Rand ihrer Maschinengruppe Staub lag und ob die Nachbarmaschinen wegen Materialmangel still standen. Schnittstellen begannen zu Kontaktpunkten zu werden. Die Eigenverantwortung wuchs und damit auch die Gesamtleistung – und die Freude am gemeinsam Erreichten. Der grösser gewordene Bereich der Selbstbestimmung war für die meisten nach einer gewissen Zeit nicht mehr Last, sondern Lust.

Man kann einen Menschen nur bedingt von aussen motivieren, etwas zu tun, was er freiwillig nicht tun will. Aber man kann ihn sehr wohl nachhaltig demotivieren. Das Problem dabei ist oft nicht die mangelnde Motivation der Mitarbeiter, sondern das demotivie-

---

1 Die inneren Antreiber schauen wir uns im Zwischenstopp 3 (Seite 69 ff.) genauer an.

rende Verhalten der Führungskräfte. Dazu gehören zum Beispiel einsame Entscheide, persönliche Kritik im Beisein anderer, übertriebene Genauigkeitsforderungen, nicht loslassen können, verspätete Weitergabe von Information oder eben auch die Einschränkung der Selbstbestimmung. Der Aufbau von Selbstverantwortung steht und fällt mit der Vermeidung von Demotivation.

Von Lust und Last der Verantwortung

Wir werden den Eindruck nicht los, dass in zahlreichen Organisationen wenig Neigung besteht, zum Wohle des ganzen Unternehmens gemeinsam zusammenzuwirken. Aus diesem Grund bleiben Top-down-Ansätze in den Lehmschichten des mittleren Managements stecken. Oder wie es Reinhard K. Sprenger formuliert: *«Wie sollen denn Verantwortung und Grossorganisation überhaupt zusammenpassen? Ernüchternde Antwort: Wohl gar nicht. Menschen arbeiten nicht in Grossfirmen, sondern in Nachbarschaften, in Interessengemeinschaften. Diese werden individuell und überschaubar organisiert. Je grösser eine Organisation, desto unüberschaubarer werden die Strukturen und Abläufe, desto weniger bezieht man sich auf das Ganze. Um trotzdem so etwas wie ein Wir-Gefühl zu erzeugen, verlagert man die Grenzziehung nach innen: Die Wälle und Gräben werden zwischen den Abteilungen ausgehoben.»*

Sie können reglementieren, dass ein Mitarbeiter jede Woche 42 Stunden am Arbeitsplatz sitzt. Sie können aber nicht reglementieren, dass er Eigenverantwortung übernimmt. Das ist ein bewusster Entscheid jedes Einzelnen.

Wenn wir bei unseren Mandaten Produktionsfirmen analysieren, fällt auf, dass beim Aufbau von eigenverantwortlichen Teams eine Gruppe von Mitarbeitern oft bestens dafür vorbereitet ist: die Nachtschichten. Sie arbeiten schon seit längerer Zeit zusammen. Sie sind häufig relativ stark auf sich selbst gestellt. Und daraus entwickelt sich eine Kultur des Entscheidens. Wenn ein Produkt fehlt oder ein Problem auftaucht, wird entschieden und gehandelt. Während des Tages müssten drei Formulare ausgefüllt und zwei Chefs angefragt werden.

Eigenverantwortung und Selbstbestimmung gehören zusammen. Sie bedeuten: «Ich tue es», «Ich trage dazu bei, dass aus Schnittstellen Kontaktpunkte werden», «Ich übernehme bewusst das Risiko der Verantwortung.» Das führt dazu, dass Mitarbeitende Verantwortung nicht primär als Last erleben, sondern als etwas Sinn-Stiftendes, weil sie so dazu beitragen, dass ihre Firma erfolgreich ist und ihre Arbeitsplätze auch morgen noch existieren.

Auf den Punkt gebracht bedeutet das: Verantwortung für alles, was ich tue oder lasse, beginnt bei mir.

Diesen Selbstverantwortungs-Entscheid treffen Sie jeden Morgen neu. Ernüchternd ist dabei die Erkenntnis: Sie sind nicht einfach eines Tages am Ziel, und die Verantwortungsübernahme läuft automatisch, sondern Sie müssen sich jeden Tag neu aufraffen, eine aktive Rolle zu spielen. Diese Entwicklung stärkt das Bewusstsein: Ihr Beitrag ist wichtig.

Sie entscheiden sich zum Beispiel dafür, Unrat vorbeischwimmen zu lassen. Niemand kann Ihnen einen Konflikt aufzwingen. Und wenn Sie diesen Gedanken noch eine Stufe weiterentwickeln, landen Sie beim Entscheid gegen das Jammern auf hohem Niveau. Jammern ist einfacher als handeln. Statt versteckt zu stöhnen, nehmen Sie allen Mut zusammen, werden aktiv und öffnen bei der nächsten Sitzung den Mund. Wer sagt, «Ich kann nicht», der will nicht. Zumindest oft.

Diese Haltung führt zu bewusstem Wählen. Steve Jobs unterstrich in einem Vortrag, dass eine Fokussierung nur durch Verzicht möglich wird: Nach seiner Aussage wählte er jeden Tag zwischen 1000 guten Ideen, indem er zu 999 nein und zu einer ja sagte. Und diese eine Idee setzte er mit all seiner Kraft und Energie um – durch alle Böden hindurch.

Von Opfern und Tätern

Wie Sie Ihren Eigenbestimmungs-Raum ausfüllen, hat nur bedingt mit den äusseren Rahmenbedingungen zu tun. Die eigentliche Quelle der Zufriedenheit liegt zu einem schönen Teil in Ihnen und in Ihrer Haltung: Sie wollen bereit sein, voll zu dem zu stehen, was jetzt ist – mit allen positiven und negativen Aspekten. Das Beispiel eines Unternehmers in Kirgisien (Zentralasien) begleitet mich bis heute. Ihm haben wir beim Aufbau seiner Eiscrème-Fabrik geholfen. Seine Erkenntnisse aus dieser Zeit hat er in einem Satz zusammengefasst: «Es ist mir bewusst, dass wir in unserem hoch korrupten Land eine Opfer-Generation sind, damit unsere Kinder einst unter besseren Bedingungen unsere Firmen weiterführen können.» Eindrücklich. Er ist mir zu einem Vorbild geworden.

Als Führungskräfte können Sie dazu beitragen, dass die Mitarbeitenden ihre Selbstbestimmungs-Räume ausfüllen können. Einer meiner Mitarbeiter hatte an seiner Bürotüre den Hinweis angebracht: «Bitte nicht helfen; das Leben ist schon schwer genug.» Wäre es sinnvoll, künftig nichts mehr zu tun, was unsere Mitarbeiter selbst tun können? Fragen Sie sich: Ermutigen Sie zu Mut und Zivilcourage? Gibt es konkrete Situationen, wo Sie künftig vermehrt Lösungsansätze Ihrer Mitarbeiter zulassen, auch wenn diese dabei ungewohnte Wege gehen? Gibt es Situationen, wo Sie Aufgaben und die damit verbundene Verantwortung nicht mehr zurückdelegieren lassen?

In meiner Zeit als Divisionsleiter bei Sulzer Mexiko diente mir die Aussage eines US-amerikanischen Trainers als Leitplanke: «Sometimes, it's better to apologize than to ask for permission» – manchmal ist es besser, um Entschuldigung als um Erlaubnis zu bitten. Mitarbeitende, die etwas wagen und dann auch dafür geradestehen, haben verstanden, worum es beim Wahrnehmen von Eigenverantwortung geht.

Beginnt die Förderung von Selbstverantwortung allenfalls in Ihrem Einflussbereich, indem Sie eine Fehlerkultur pflegen, die das Kind zwar beim Namen nennt, aber jeden Fehler wenigstens einmal zulässt? Umwege erhöhen ja bekanntlich die Ortskenntnisse.

Nur nach oben zu zeigen, wäre aber zu einfach. Auf allen Mitarbeiterstufen können Sie zum Ausbrechen aus der Fremdbestimmungs-Falle beitragen. Es geht nämlich zuallererst darum, dass Sie sich über Ihre ureigenen Motivatoren und Denkhaltung klar werden und einen grundsätzlichen Entscheid treffen: Sind Sie gewillt, etwas zu verändern? Ist es jetzt so weit, dass Sie sich der letzten Reste Ihrer Opferhaltung bewusst werden wollen und diese ablegen? Damit Sie sich vom Jammernden zum Handelnden entwickeln und bewusst Ihre Handlungsspielräume ausnutzen. So wie es Theodore Roosevelt formulierte: *«Tu, wo du bist, was du kannst, mit dem, was du hast!»*

Vielleicht wird der heutige Tag so der beste Ihres Lebens, indem Sie sich bewusst für den Weg entscheiden, der Ihnen Erfüllung und Sinn ermöglicht.

Sechs Tipps zum Umgang mit Fremdbestimmung

> Manchmal ist der Aufenthalt in der Stadt Fremdbestimmung leicht und scheint angenehm: Sie werden geführt und müssen nicht selber entscheiden. Auf die Dauer ist das Leben in der Stadt Fremdbestimmung aber langweilig und unbefriedigend. Da gibt es viel Trägheit. Der Fokus liegt mehr auf den Umständen und weniger auf dem eigenverantwortlichen Handeln.
> Die nachfolgenden Tipps unterstützen Sie auf Ihrer Reise durch Ihren Alltag. Wir wollen Sie ermutigen, für einen gesunden Ausgleich zwischen Selbst- und Fremdbestimmung zu sorgen.

Auf die Frage eines Seminarteilnehmers, «Wie finde ich die Balance zwischen Selbstbestimmung und äusseren Einwirkungen?», geben wir Ihnen sechs Tipps aus der Praxis mit:

1. Benutzen Sie das Drei-Finger-Prinzip

Wenn Sie mit dem Zeigefinger auf die Person oder den Umstand zeigen, die an Ihrer Situation «schuld» sind, dann schauen Sie sich die Richtung von kleinem, Ring- und Mittelfinger Ihrer Hand an: Sie zeigen auf Sie zurück. Sie und Ihr persönlicher Beitrag sind wichtig!

2. Weiten Sie Ihren Einflussbereich aus

Mitarbeitende eines Energiedienstleisters haben bei einem Zeitmanagement-Seminar diesen Ansatz formuliert: «Wir weiten unseren Einflussbereich durch Vorbild, individuelle Leistungserbringung, transparente und zeitgerechte Kommunikation, vernetzte Zusammenarbeit und Übernahme von Verantwortung aus.»

Ganz praktisch sieht das so aus, dass Sie sich jeden Morgen beim Kämmen der Haare oder beim Rasieren im Spiegel in die Augen schauen und sich die Frage stellen: «Bin ich bereit, diesen Tag als Chance zu sehen? Als Chance, in meinem Einflussbereich zu wachsen?»

Falls Sie diesen Einflussbereich gemeinsam mit Ihrem Team ausdehnen möchten, schauen Sie sich das Werkzeug 2 auf Seite 56 genauer an.

3. Wählen Sie bewusst aus

Entgegen dem Ansatz von Tim Bendzko empfehlen wir Ihnen, nicht noch «kurz die Welt zu retten und 148 Mails zu checken», bevor Sie die wertvolle Zeit der Selbst-Bestimmung für etwas einsetzen, das für Sie wirklich wichtig ist. Wenn Sie heute nur über eine Stunde selbst bestimmen können, dann stellen Sie sich die Frage: «Wofür lohnt es sich, in dieser Zeit einen Fokus zu setzen? Und wofür nicht?»

4. Konzentrieren Sie sich auf die Chancen

In der chinesischen Schrift ist das Symbol für den Begriff «Problem» aus zwei Teilen zusammengesetzt: Chance und Krise. Konzentrieren Sie sich auf die Chancen und nicht primär auf die Krisenaspekte! Richten Sie Ihren Blick auf die Einflussmöglichkeiten, die Sie haben, und nicht auf jene, die Sie nicht haben.

«Problem» auf Chinesisch

Die Haltung des Problemdenkens ist in bestimmten Situationen wertvoll. Manchmal ist ein Fokuswechsel hin zum Chancendenken jedoch effektiver.

5. Sie sind wichtig!

Sie dürfen für sich in Anspruch nehmen, dass Sie an Ihrem Platz eine wichtige Rolle spielen. Sonst wären Sie nicht dort, wo Sie heute sind! Sie verkörpern als Unikat etwas Einzigartiges. Nehmen Sie bitte diese Ermutigung mit: Sie sind wichtig!

6. Die Reise lohnt sich!

Sie dürfen den Rucksack der Verantwortungs-Last definitiv ablegen und auf den Roller der Verantwortungs-Lust aufsteigen. Das, was so einfach tönt, ist ein Prozess, der längere Zeit dauern kann. Einer unserer Coachees hat nach einer Session begonnen, für ihn wichtig gewordene Aspekte auf Post-it-Zetteln zu notieren und am Spiegel seines Badezimmers aufzuhängen. Ein paar Monate und drei Coaching-Gespräche später hat er selbst festgestellt, dass seine Denkhaltung eine andere geworden ist. Die Hoffnung lebt!

Die Ausrüstung für die Umsetzungsreise

> Von den geeigneten Utensilien im Reisekoffer hängt zu einem schönen Teil ab, ob eine Reise gelingt. Dies gilt auch für die Steigerung der Nachhaltigkeit bei Umsetzungsreisen.

Werkzeug 1: Der x-Faktor im Zeitmanagement

Selbstbestimmte Zeit ist ein wertvolles Gut. Umso wichtiger ist der optimale Umgang damit. Dieses Tool zeigt Ihnen in zwei Schritten auf, wie Sie den x-Faktor als Grad Ihrer Selbstbestimmung berechnen können und die knappe Ressource Zeit optimal einsetzen können.

Schritt 1: Der x-Faktor zur Analyse Ihrer Fremd- und Eigenbestimmung: Gemeinsam mit einem Kunden aus der Medizinaltechnik haben wir das Prinzip des x-Faktors entwickelt. Dieser Faktor stellt auf einfach strukturierte Art den Grad an Selbstbestimmung dar.

Machen Sie während zwei Wochen eine Selbstanalyse, indem Sie diszipliniert folgende Liste ausfüllen:

Analyse von Fremd- und Eigenbestimmung			
Tag und Datum	Aktivität	Uhrzeit von ... bis ... → Dauer	f = fremdbestimmt e = eigenbestimmt

Berechnen Sie Ihren persönlichen x-Faktor wie folgt:

- Summe der e-Stunden = ... (= I)
- Summe aller Stunden e + f = ... (= II)
- Ihr persönlicher x-Faktor = (I) / (II) · 100 = ...

Der x-Faktor gibt an, wie gross der Prozentsatz Ihrer selbstbestimmten Arbeitszeit an Ihrer gesamten Arbeitszeit ist.

Ihr persönliches Zeitkonto sieht somit wie folgt aus:

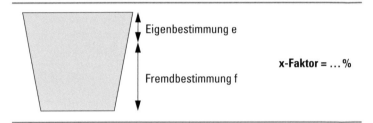

So erhalten Sie einen Hinweis darauf, ob Ihr Bauchgefühl und Ihr Kopf in etwa übereinstimmen. Und Sie haben damit eine fundierte Grundlage für entsprechende Diskussionen über Fremd- und Eigenbestimmung.

Es empfiehlt sich, dass Sie Ihren individuellen x-Faktor alle 8 bis 12 Monate neu berechnen.

Schritt 2: Optimaler Einsatz der selbstbestimmten Zeit: Die Frage ist nicht nur, wie gross Ihr Anteil der selbstbestimmten Zeit ist, sondern auch, wie effektiv Sie diese Zeit einsetzen. Oft tappen wir nämlich in die Überforderungsfalle, in der knappen selbstbestimmten Zeit möglichst viel erledigen zu wollen. Ich beobachte mich selbst, wie viel ich in die knappe Zeit hineindrücke und im Nachhinein enttäuscht bin, wenn die wirklich erledigten Aufgaben nicht meinem Wunsch entsprechen.

Mit dem im Folgenden vorgestellten Instrument, haben Sie die Möglichkeit, Ihre persönliche Planungsgenauigkeit zu analysieren und daraus Schlüsse für den künftigen optimalen Einsatz dieser Zeit zu ziehen.

Tragen Sie während zehn aufeinanderfolgenden Tagen in untenstehender Tabelle in Spalte 1 jene Aufgaben ein, die Sie erledigen wollen. Notieren Sie dann in Spalte 2 die geplante und in Spalte 3 die wirklich gebrauchte Zeit. Berechnen Sie in Spalte 4 die prozentuale Differenz zwischen Plan und Ist. Dieser Betrag ergibt die durchschnittliche Planungsabweichung.

Analyse der Planungsgenauigkeit			
1: Aufgabe	2: Plan-Dauer	3: Ist-Dauer	4: Abweichung in %
Auswertung Zahlenbeispiel: Plan-Dauer: 40 Minuten; Ist-Dauer: 60 Minuten → Planungsabweichung = 60 / 40 · 100 = 150 %. Durchschnittlich benötigen Sie 50 % mehr Zeit für die Erledigung einer Aufgabe, als Sie geplant haben.			

Eine positive Abweichung bedeutet, dass Sie eher zu optimistisch planen und sich tendenziell unter Druck setzen. Fügen Sie künftig diesen Prozentbetrag bereits bei der Planung hinzu, damit Sie die Dauer pro Aufgabe realistischer berechnen.

Eine negative Abweichung bedeutet, dass Sie tendenziell zu pessimistisch planen und eher zu viele Reserven einbauen. Es könnte sich lohnen, dass Sie die Reservezeit etwas zurückfahren, damit Ihre Planungszeit genauer wird. Oder Sie behalten diese Reserve bei, um bewusst Zeit für anderes offen zu halten.

Seit ich dieses Werkzeug selbst einsetze, falle ich deutlich weniger oft in die Überforderungsfalle. Und das Resultat dient mir heute als Hilfestellung, zu welchen Aufgaben ich ja sage und welche ich ausschliesse.

**Werkzeug 2: Ausdehnung des Einflussbereiches
für Sie und Ihr Team**

Multiplizieren Sie Ihre Erkenntnisse in Ihrer direkten Umgebung: Begeistern Sie Ihr Team für das Thema Eigenbestimmung und Eigenverantwortung. Weiten Sie den Einflussbereich aus, indem Sie in einem nächsten Schritt Ihren Chef involvieren. Fragen Sie ihn, was für Erwartungen er an Sie hat und was Sie dazu beitragen können, um Ihren Einflussbereich zu erweitern. Formulieren Sie in einem 360°-Gespräch zudem Ihre Erwartungen an den Vorgesetzten, wie Sie sich eine Unterstützung in diesem Bereich vorstellen.

Dieser Ansatz kann übrigens direkt in Ihr nächstes Zielvereinbarungsgespräch einfliessen. Und falls es bis dahin noch eine Weile dauert, gibt es die Möglichkeit, bis zu jenem Zeitpunkt eine Art Testphase aufzugleisen und so eine Grundlage für das Zielvereinbarungsgespräch aufzubauen.

Folgendes Modell führt Sie in vier Schritten zur Ausdehnung Ihres Einflussbereiches:

Schritt I In einem ersten Schritt überlegen Sie sich bitte, was Sie dazu führt, stark fremdbestimmt zu sein: Sind das äussere Umstände wie ein dominanter Chef, überbordend viele Sitzungen oder schlicht zu viele offene Aufgaben auf Ihrem Pult? Oder ist es vielleicht auch die Angst davor, gezielt nein zu sagen und Ihre Prioritäten durchzusetzen? Überlegen Sie sich zwei bis drei Alltagsbeispiele, wo Sie im Rückblick sagen müssen, dass Sie sich hier zu stark von Dritten bestimmen liessen.

I. In diesen Bereichen will ich/wollen wir den Einflussbereich ausdehnen
1.
2.
3.

Schritt II Welche Ansätze sehen Sie, um Ihren Einflussbereich auszudehnen? Können Sie zum Beispiel durch Interesse, Fragen, Präsentation Ihrer erzielten Resultate Ihren Einflussbereich erweitern? Oder haben Sie schon den Ansatz ausprobiert, mit einer einfachen Tagesplanung zu «beweisen», dass Sie nicht auf zusätzliche sofort zu erledigende Aufgaben gewartet haben? Der Ansatz der klar begrenzten Zeitfenster, wo Sie ungestört und deshalb konzentriert arbeiten können, hat bei vielen Seminarteilnehmern zu positiven Veränderungen geführt. Falls Sie in einem Team tätig sind oder eine Gruppe von Mitarbeitenden führen, wo das Thema der überbordenden Fremdbestimmung Gewicht hat, dann beziehen Sie Ihre Mitarbeitenden und möglichst auch Ihren Vorgesetzten in diesen Schritt mit ein!

II. Diese Ansätze möchte ich/wollen wir künftig für die Ausdehnung meines/unseres direkten Einflussbereiches ausprobieren
1.
2.
3.

Schritt III Überlegen Sie sich in einem dritten Schritt, was für Erwartungen Sie an die Umsetzung haben: Wollen Sie mit einer gewissen Regelmässigkeit nicht mehr der Letzte sein, der das Büro verlässt? Möchten Sie wieder zufriedener und mit der Gewissheit am Schluss des Tages nach Hause gehen, dass Sie nicht nur Opfer der Umstände sind, sondern selbst die Zügel in der Hand halten und heute etwas Wichtiges erledigt haben?

Wollen Sie als Team künftig existierende Synergien besser nutzen?

Notieren Sie am Schluss des Tages auf einer «Erfolgsliste», was Sie heute besonders aufgestellt hat. Verlassen Sie mit diesem positiven Gedanken den Arbeitsplatz. Dieser Ansatz bildet eine gute Grundlage für einen erfolgreichen Tageseinstieg morgen.

III. Diese Ziele will ich/wollen wir mit obigen Schritten in den nächsten drei Monaten erreichen
1.
2.
3.

Schritt IV Planen Sie nach diesen drei Monaten ein Zwischenreview, wo Sie sich über erzielte Resultate freuen können und wo Sie Misserfolge analysieren. Überlegen Sie sich in diesem Moment zudem, wie nächste Entwicklungsschritte für Sie bzw. für Ihr Team aussehen könnten.

IV. Review Ausdehnung des direkten Einflussbereiches

Review vom ...
Teilnehmer: ....

Diese Umsetzungsschritte prüfe ich	Diese Ziele habe ich erreicht; diese Ziele habe ich nicht/nur teilweise erreicht	Diese nächsten Schritte will ich innerhalb der nächsten drei Monate umsetzen

Auf eine ganz natürliche Art gelangen Sie damit in einen individuellen kontinuierlichen Verbesserungsprozess. Sie werden sehen, wie sich auf dieser Reise nicht nur Ihr persönliches Zeitmanagement, sondern Ihre persönliche Einstellung zum Thema Fremdbestimmung zu ändern beginnt.

Gedanken, Bilder und Ideen Ihrer ganz persönlichen Zeit-Reise:

Vom Umgang mit Ablenkungen, Störungen und Kommunikationsknoten

Telefon- und Stromkabel an einem Kandelaber in Hanoi (Nordvietnam)

Zwischenstopp 3:
Welcome to Deviation Town

Umgang mit Störungen – Sinnvolle Abgrenzung

In Deviation Town sind die Einwohner täglich lange Stunden aktiv. Viele sind enorm beschäftigt und fleissig. Doch weshalb funktioniert die öffentliche Infrastruktur so schlecht? Überall liegt Müll herum. Es fällt auf, dass der Verkehr durch unzählige Baustellen blockiert wird. Die Bauprojekte werden nicht beendet, und laufend werden neue Baustellen eröffnet. Irgendwie fehlt ein übergeordneter Plan, es herrscht ein Chaos. Offensichtlich verfolgt der Stadtrat gleichzeitig viele Ziele, aber keines wird erreicht. Deviation Town ist der Ort der Ablenkungen und Abweichungen. Selten konzentriert man sich hier auf eine Aufgabe und zieht sie bis zum Schluss durch. Die Menschen haben vieles verstanden und sind intelligent. Aber die Frage drängt sich auf: Warum läuft so vieles schief und wird nicht zu Ende gedacht? Willkommen in Deviation Town, der Stadt der Ablenkungen.

Beim Besuch dieser Stadt ist Vorsicht angeboten: Leise und unscheinbar kommen Ablenkungen daher. Und Schritt für Schritt beginnen sie, sich in unseren Lebensalltag einzuschleichen.

Ablenkungen und Störungen

Unzählige Ablenkungen und Störungen im Arbeitsalltag zehren unsere Zeitressourcen auf. Das Gebot der Stunde heisst, die Störquellen aufzuspüren und wirksame Gegenmassnahmen zu definieren. Sie brauchen regelmässig Zeitfenster, wo Sie konzentriert eine Aufgabe erledigen können. Sie sorgen für «Zeitinseln» im Alltag. Dies sind Zeiten an einem störungsfreien Ort, wo Sie sich hundertprozentig auf eine Tätigkeit fokussieren können. Mit dem Nutzen, dass Sie erstens bewusst an den Prioritäten arbeiten, zweitens weniger frustriert sind, weil Sie die Ziele wieder nicht erreicht haben, und deshalb drittens auf lange Sicht weniger gestresst sind.

Sie erfahren in diesem Kapitel, wie Sie sinnvoll mit Störungen umgehen können. Beispiele von Seminarteilnehmenden und Tipps zeigen Ihnen, wie Sie ab heute fokussierter arbeiten können. Erlauben Sie einen Hinweis vorweg: Die Umsetzung der Anregungen braucht Mut und Selbstdisziplin.

Stressstudie 2010 – Stressauslöser Nr. 1 sind «Unterbrechungen»

Das Staatssekretariat für Wirtschaft (seco) hat die Stressstudie 2010 in Auftrag gegeben. Die Studie erfasste das Stressempfinden der Schweizer Arbeitnehmer am Arbeitsplatz. Wie die folgende Grafik zeigt, gehören häufige Unterbrechungen zu den meistgenannten Belastungsfaktoren am Arbeitsplatz.

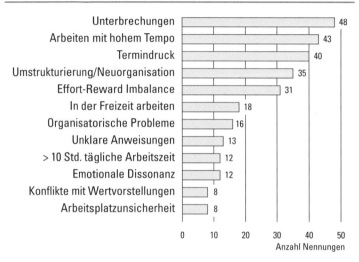

Quelle: Stressstudie 2010, Stress bei Schweizer Erwerbstätigen, www.seco.admin.ch
www.news.admin.ch/NSBSubscriber/message/attachments/24101.pdf

Viele Ablenkungen sind ein Resultat der Entwicklung der Unternehmenswelt in den letzten Jahren. Noch nie in der Geschichte war es möglich, über ein Kommunikationsnetz weltweit in Echtzeit zu kommunizieren. Die neuen Kommunikationsmittel machen die Zusammenarbeit rund um den Globus während 24 Stunden möglich. Geschäftlich und privat nutzen wir die Kommunikation auf verschiedenen Kanälen. Facebook, LinkedIn, Instagram etc. wollen gepflegt werden.

Mit Blick auf die laufend geforderte Zunahme der Produktivität wurden Prozesse in vielen Unternehmen in den letzten Jahren immer straffer organisiert und effizienter gestaltet. Das Aufgabenpensum pro Mitarbeitenden ist gewachsen. Der Einzelne muss immer mehr Tätigkeiten in immer kürzerer Zeit bewältigen.

Alle 11 Minuten eine Ablenkung

Gloria Mark von der School of Information and Computer Science, University of California, Irvine, spricht in ihrer Studie zum Thema Störungen am Arbeitsplatz von der *fragmentierten* Arbeitswelt. Der Arbeitsalltag setzt sich aus unzähligen kurzen Tätigkeiten zusammen. Es gibt kaum mehr die Möglichkeit, sich über einen längeren Zeitraum auf eine Aufgabe zu konzentrieren.

Frau Mark und ihr Team beobachteten während dreizehn Monaten 24 Personen einer Firma in der IT-Branche. Aufgrund ihrer Beobachtungen publizierte Frau Mark die Ergebnisse unter dem Titel: *No Task left behind? Examining the Nature of Fragmented Work.*

Die Resultate der Studie zeigen, dass im Durchschnitt ein Zeitfragment 11 Minuten dauert. Das heisst, alle 11 Minuten wendete der Mitarbeiter seine Aufmerksamkeit einer anderen Tätigkeit zu.

Ein Teilnehmer der Studie sagt: «Ich bin süchtig nach Unterbrechungen! Wenn ich nicht unterbrochen werde, weiss ich nicht, was ich als nächstes tun soll.»

Ablenkungen können in ein Suchtverhalten führen. In diesem Fall fällt der Rückzug in einen Raum ohne Ablenkungen besonders schwer. Ein Seminarteilnehmer erzählte, dass er eine Arbeit, die seine Konzentration erfordert, oft nicht beginnt, weil er weiss, dass er sowieso in Kürze wieder abgelenkt wird. Für konzentriertes Arbeiten opfert er regelmässig seinen Feierabend.

Der Sägeblatt-Effekt – Zeitverlust durch erneutes Einarbeiten

Der Sägeblatt-Effekt illustriert zutreffend, was geschieht, wenn Sie Ablenkungen ungefiltert zulassen (vgl. Illustration unten).

Wenn Sie eine Aufgabe anpacken, brauchen Sie eine gewisse Zeit, bis Ihre Aufmerksamkeit ganz auf die Tätigkeit fokussiert ist. Sie legen die entsprechenden Unterlagen bereit, und Ihre Aufmerksamkeit fährt hoch: Sie sind in der Arbeit «drin».

Wenn Sie sich jetzt durch einen Telefonanruf oder einen unangemeldeten Besucher unterbrechen lassen, fällt die Konzentration in Rekordzeit auf null. Sie widmen Ihre Aufmerksamkeit der Ablenkung. Die erneute Einarbeitung in die vorherige Arbeit erfordert Zeit, und zwar mehr als beim Herunterfahren der Konzentration nötig war. Durch das dauernde Hineindenken in angefangene Tätigkeiten geht bis zu 40% der Arbeitszeit verloren. Dieses Phänomen heisst «Sägeblatt-Effekt»: Während des Tages befindet sich Ihre Konzentration in einer ständigen Rauf-und-runter-Bewegung. Dies ist enorm anstrengend, verursacht Stress und führt zu einem Verlust an Effizienz.

Der Sägeblatt-Effekt führt zu einem Arbeitszeitverlust von bis zu 40%

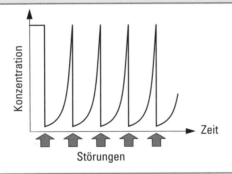

Äussere Störungen im Arbeitsalltag

In den Seminaren berichten die Teilnehmenden von zahlreichen äusseren Störquellen im Betriebsalltag. Zum Beispiel meldet das Mailprogramm den Eingang einer neuen Nachricht. Schon ist meine Neugier geweckt: «Nur schnell» nachschauen, ob eine dringende E-Mail-Nachricht angekommen ist. Unangemeldete Besucher bitten «nur schnell» um eine Auskunft. Das Telefon nimmt einen prominenten Platz in der Rangliste der Ablenkungen ein. Manche Sitzungen beginnen ohne Traktandenliste und enden ohne klare Resultate und Massnahmen. Immer wieder nehmen Personen an Sitzungen teil, die keinen aktiven Beitrag leisten können und sich langweilen. Deshalb werden Sitzungen als Zeitverschwender und lästige Unterbrechungen erlebt. Das Büro wird als Durchgang genutzt: Personen, die nur durchlaufen, stören. Der gemeinsame Drucker steht im Büro, die Gespräche am «Treffpunkt Drucker» lenken ab.

Innere Störungen

Es gibt auch die inneren Störungen. Dabei fällt die Konzentration auf die Arbeit schwer. Sobald wir uns in einen Raum zurückziehen, bricht ein Gedankengewitter los: Wir denken an unerledigte Aufgaben oder an den Ausflug vom Wochenende, Sorgen über den Umsatz lenken ab, private Herausforderungen beschäftigen uns etc.

Innere Antreiber – den Raum gestalten

Unsere Zeit belohnt den beschäftigten Menschen. Wer andauernd Mails beantwortet, Telefone erledigt, Sitzungen bewältigt, hat das Gefühl, gebraucht zu werden. Diese Tätigkeiten geben Ihnen den Eindruck: Sie sind nützlich. Die Frage nach dem Endresultat wird erstickt in der Mail-Flut. Sie fühlen sich sicher im Hafen der Geschäftigkeit. Die Erledigung von anscheinend dringenden Aufgaben wird zum höchsten Wert hochgehoben. Kein Wunder, brennen Sie aus und raubt Ihnen dieser Lebensstil den Schlaf. Das «Handelsblatt» schreibt: *«Hohe vorgegebene Leistungsziele nicht erreicht – dies nennen die Befragten an erster Stelle der quälenden Situationen im Job. Weil sie ihr eigenes Leben zu stark dem Beruf unterordnen, stellen sich schnell Frustration und Angst bis zu Depressionen ein, wenn es einmal im Beruf nicht gut läuft. Etliche Führungspersonen opfern Familie, Freunde und Hobbys auf dem Karrierealtar.»*

Warum grenzen Sie sich nicht ab? Warum opfern Sie Ihre Lebenszeit auf dem Altar der gehetzten Geschäftigkeit? Lebt tief in Ihnen eine Angst, die Sie in der Arbeitswelt zu dieser Hetze antreibt? Die Psychologie spricht von inneren Antreibern: Sei schnell, sei perfekt, mach es allen recht, sei stark. Solche Antreiber verbieten Abgrenzung, Ruhe und Rückzug. Der bekannte Mönch und Buchautor Anselm Grün schreibt: *«Solche Antreiber werden oft von Firmen aufgegriffen, indem die Kennzahlen für die Leistung jährlich erhöht werden. Aber irgendwann ist einmal Schluss. Man kann den Menschen nicht zu immer mehr Leistung antreiben. Er ist keine Maschine.»*

Schwimmen Sie gegen den Strom. Wenn Sie etwas an Ihrer aktuellen Störungs-Situation ändern wollen, braucht es einen mutigen ersten Schritt. Die Resultate stellen sich zu Beginn vielleicht zaghaft ein. Aber die Reise ist die Mühe wert.

Wir haben aus unseren Trainings-Erfahrungen sechs Tipps zusammengestellt, wie Sie das Thema «Umgang mit Störungen» gezielt angehen können.

Sechs Tipps zum Umgang mit Ablenkungen und Störungen

> Wer sich an seinen Reiseplan hält und sich nicht andauernd durch eine noch bessere Variante ablenken lässt, sieht schlussendlich mehr vom Land. Das berühmte Sprichwort «Weniger ist mehr» erhält hier eine besondere Bedeutung. Der Arbeitsalltag ist vielerorts geprägt von unzähligen «Deviations», also Tätigkeiten und Ablenkungen, die uns vom Weg abbringen. Wer sich auf den geplanten Weg fokussiert, erreicht seine Ziele, erledigt die Aufgaben leichter und lebt gesünder.

1. Akzeptieren Sie Unterbrechungen

Ohne Unterbrechungen funktioniert kein Unternehmen. Menschen arbeiten miteinander. Probleme werden durch Kommunikation (Störungen!) gelöst. Die optimierten Prozesse und Abläufe werden von Menschen betreut. Unvorhergesehene Ereignisse treten immer ein. Es ist der nicht endende Fluss von Ablenkungen, der für Überforderung und Stress sorgt. Sie haben nun zwei Optionen: Entweder Sie versuchen, sich gegen diesen Fluss zu stellen. Oder Sie akzeptieren bewusst die Unterbrechungen als einen Bestandteil der heutigen Arbeitswelt. Mit Blick auf die oben erwähnten Windmühlen lohnt sich der Kampf gegen Störungen nicht. Aber der intelligente Umgang mit Unterbrechungen ist ein wertvoller Ansatz. Suchen Sie bewusst Möglichkeiten, sich auf eine «Zeitinsel» zurückzuziehen. Bündeln Sie Unterbrechungen; beantworten Sie zum Beispiel mehrere Telefonate und Mails direkt nacheinander.

2. Arbeiten Sie proaktiv

Unterbrechungen sind die Türe zur Fremdbestimmung. Sie bewegen sich im Hamsterrad und arbeiten nur noch für die anderen. Für Ihre Aufgaben fehlt die Zeit.

Organisieren Sie sich selbst so, dass Sie entscheiden, wann Sie gestört werden und wann Sie sich zurückziehen. Erarbeiten Sie aktiv Massnahmen zur bewussten Abgrenzung.

3. Stille Stunde

Überfordern Sie sich und Ihr Umfeld nicht mit zu langen Zeitfenstern. In der Praxis hat es sich bewährt, pro Tag 30 bis 60 Minuten für wichtige Tätigkeiten zu reservieren. Während einer Arbeitswoche können Sie so bis zu fünf Stunden ungestört arbeiten.

Reservieren Sie in Ihrem Terminkalender diese Zeit als Termin mit sich selbst. Behandeln Sie diesen Termin wie eine wichtige Besprechung oder einen Kundenbesuch. Wenn Sie die Tätigkeit für Ihre Stunde im Vorfeld sorgfältig planen, erledigen Sie in dieser Zeit effizient Aufgaben, für die Sie unter normalen Umständen das Doppelte benötigen. Motivieren Sie sich selbst, indem Sie sich für diese Fenster ein Ziel setzen und sich nach Erreichung dieses Zieles mit einer Aufgabe belohnen, die Sie gerne erledigen.

4. Home-Office

Ein hilfreicher Ansatz zur Abgrenzung kann die Arbeit zu Hause sein. Die Aufgaben im Home-Office sollen sorgfältig vorbereitet werden. Die nachfolgenden Aspekte unterstützen Sie dabei, das Home-Office ideal zu nutzen.

1. Bereiten Sie sich auf den Home Office Day wie auf jeden anderen Arbeitstag vor: Legen Sie am Vorabend alles bereit, prüfen Sie Ihre Termine für den folgenden Tag etc.
2. Informieren Sie Ihr Team vorab, dass Sie an diesem Tag von zuhause arbeiten. Eine vorgängige Absprache mit dem Vorgesetzten ist Voraussetzung.
3. Stellen Sie rechtzeitig sicher, dass Sie den Zugriff auf alle notwendigen Informationen für Ihre Arbeit von zuhause haben.
4. Stellen Sie Ihre Erreichbarkeit via Telefon und Internet sicher: Das Home-Office muss nicht abgeschnitten sein vom Büro – oft macht es für Ihre Kollegen keinen Unterschied, wo Sie arbeiten.
5. Sorgen Sie dafür, dass Sie zuhause ein ungestörtes Umfeld haben, dass Ihre Mitbewohner informiert und die Kinder aus dem Haus sind.
6. Überlegen Sie sich, wo Sie arbeiten möchten, wo Sie sich am wohlsten fühlen und am wenigsten abgelenkt sind.
7. Arbeiten Sie nicht im Pyjama. Die Grundeinstellung zur Arbeit ist damit gleich eine andere.

8. Definieren Sie für sich, was Sie an Ihrem Home-Office-Tag erreichen möchten. Machen Sie eine To-do-Liste und kontrollieren Sie damit, wie effizient Sie arbeiten.
9. Reservieren Sie auch Pausenblöcke wie im Büro: Machen Sie ruhig mal Pause und bewegen Sie sich, oder gehen Sie mal nach draussen, um Sauerstoff zu tanken; machen Sie Mittagspause.
10. Seien Sie proaktiv und teilen Ihrem Chef und Ihren Teamkollegen mit, woran Sie arbeiten und wie sie vorwärtskommen.
11. Machen Sie sich bewusst, dass Sie jetzt im Stau stehen könnten, und halten Sie fest, wie viel Reisezeit und CO_2 Sie am Home Office Day sparen; nutzen Sie dazu die Home-Office-Day-Website.[1]

5. Sagen Sie Nein – und bieten Sie eine Alternative an

Ein wirksamer Tipp zur Abgrenzung ist, sich darüber Gedanken zu machen, wie Sie Ihre Zeitbedürfnisse kommunizieren.

Wer lernt, Nein zu sagen, gewinnt Zeit für fokussiertes, konzentriertes Arbeiten.

Immer wieder erleben wir Personen in Seminaren, die bei diesem Thema Widerstand anmelden. Für sie klingt ein «Nein» hart, unrealistisch und egoistisch. Zu Recht wird darauf hingewiesen, dass durch ein «Nein» die Zusammenarbeit im Team gefährdet wird. Manchmal kommt der Widerstand von Menschen, die die Harmonie im Team nicht stören wollen.

Nein sagen führt Sie in ein Grundspannungsfeld des Zeitmanagements: Auf der einen Seite sind Sie Teil eines Teams, anderseits haben Sie Aufgaben zu erledigen, die nur von einer Person erledigt werden können.

Bieten Sie anstelle eines «Nein» eine Alternative an: «Ich kann jetzt nicht antworten, aber in zwei Stunden passt es.» Wenn Sie sich an Ihre Zusagen halten, bauen Sie in Ihrem Umfeld einen Ruf auf, der Sie als zuverlässig ausweist.

---

[1] www.homeofficeday.ch/downloads/MA/
Vorbereitung_f%C3%BCr_Mitarbeitende.pdf

6. Erfolgreiches Zeitmanagement mit Zeitinseln gelingt im Team

Im Zeitalter der Teamarbeit und der Grossraumbüros ist Zeitmanagement nur im Team zu lösen. Als Piccard und Jones die Welt im Orbiter-Ballon umrundeten, war dieser Erfolg nur dank eines starken Teams von Experten möglich. Wer sich alleine abgrenzt, ohne sein Team zu orientieren, wird leicht zum Aussenseiter. Regel Nummer eins für eine erfolgreiche Abgrenzung ist: Involvieren Sie Ihr Team.

Folgende Vereinbarungen für Zeitinseln haben sich in der Praxis bewährt:

- Leiten Sie das Telefon während einer begrenzten Zeitspanne auf einen Kollegen um.
- Schliessen Sie während einer bestimmten Zeitdauer die Bürotüre.
- Jeden Tag macht eine andere Person Telefon- und Empfangsdienst. Unangemeldete Besucher werden von dieser Person empfangen und erste Fragestellungen werden direkt geklärt. Genau gleich gehen Sie mit dem Telefon um.
- Schalten Sie alle Signale und Icons aus, die Ihnen den Eingang einer Mail-Nachricht anzeigen.
- Definieren Sie störungsfreie Zeiten. Zum Beispiel: Am Morgen stören wir einander intern nicht vor 09.00 Uhr. Das heisst, wir setzen vor dieser Zeit keine Sitzungen an.
- Ad-hoc-Gespräche werden an einem zentralen Ort ausserhalb des Büros an Stehtischen geführt.
- Im Grossraumbüro stellt die Konzentration bei der Arbeit eine besondere Herausforderung dar. Aber auch hier gibt es Möglichkeiten zur Abgrenzung:
  - Tragen Sie Ohrenstöpsel und hören Sie eventuell Musik.
  - Benutzen Sie ein visuelles System zum Beispiel mit einem Schild oder einem von Weitem sichtbaren Zeichen am Arbeitsplatz: Bitte im Moment nicht stören. Sie können auch mit Farbcodes arbeiten: Rot: Bitte nicht stören; grün: Jetzt bin ich für dich da.
- Reservieren Sie ein Sitzungszimmer und erledigen Sie Ihre Arbeit dort.
- Setzen Sie die vereinbarten Punkte konsequent um; weisen Sie Kollegen, die sich nicht an die Abmachungen halten, auf Ihre Teamvereinbarung hin.

Seien Sie sich bewusst, dass Sie mit keinem System alle Störungen blockieren können. Aber wenn Sie die Unterbrechungen nur um 10 bis 20% reduzieren, bedeutet das einen Zeitgewinn von 15 bis 30 Minuten pro Tag, was sich pro Monat auf rund einen gewonnenen Tag aufsummiert! Und wenn Sie zudem an die wiedergewonnene Freude bei der Arbeit denken, möchten Sie auf das System der Zeitinseln nicht mehr verzichten.

Johannes Czwalina schreibt: *«Die Zeit ist ein sehr materialistischer Wert geworden. Unsere Väter lebten in einer Produktionsgesellschaft, die uns materiellen Reichtum gebracht hat. Das Informationszeitalter macht aus unserer Gesellschaft immer mehr eine Wissensgesellschaft, für die Zeit einer der grössten Werte ist.»*

Zeitinseln dienen auch zum Nachdenken und zur Reflexion. Während der Entspannung kommen oft die besten Ideen. Solche Auszeiten ermöglichen die Besinnung auf das Wesentliche. *«Es geht darum, Wünsche und Ziele, die mit dem Beruf verbunden sind, neu abzustimmen, und Prioritäten in einem ganzheitlichen Verständnis des eigenen Lebens neu zu setzen. Denn der Mensch lebt nicht von der Arbeit allein.»* (Johannes Czwalina)

Gedanken, Bilder und Ideen Ihrer ganz persönlichen Zeit-Reise:

Konzentration aufs Wesentliche

Reisbauer im gebirgigen Nordvietnam: Er hat laufend den nächsten Setzling im Auge.

Zwischenstopp 4:
Mount Focus

Prioritäten: Einblick in mein persönliches Tagebuch

Hoch oben liegt der Gipfel von «Mount Focus», im Nebel verborgen. Wir haben uns vor ein paar Wochen entschieden, diesen Berg zu besteigen. Für uns ist es mehr als eine Wanderung in einer wunderschönen Natur: Es geht darum, langfristig über Wünsche und Entwicklungen in unserem Leben nachzudenken. Wir wollen während dieser Zeit auf den Wegen von «Mount Focus» ganz grundsätzlich vom Ende her denken lernen. Damit anerkennen wir, dass unsere Lebenszeit begrenzt ist. Am Fuss der Anhöhe entdecken wir, wie leicht es uns fällt, fern vom Alltag mit allen seinen Erwartungen und Anforderungen, uns auf wichtige Fragen zu fokussieren. Jetzt sind wir dankbar, dass wir die Empfehlung unserer Freunde umgesetzt haben und «Mount Focus» eine Priorität in unserem Reiseprogramm geben haben. Der Aufstieg auf dem steilen, gewundenen Pfad beginnt. Schritt um Schritt kommen wir unserem Ziel näher. Während diesem Aufstieg geben wir Ablenkungen keinen Raum. Auch hier gibt es Plätze und Wege, die wir gerne erkunden möchten. Würden wir diesem Wunsch nachgeben, wäre es nicht möglich, den Gipfel zu erreichen. Wir steigen auf und konzentrieren uns auf den Weg. Oben angekommen ist der Nebel weg. Wir geniessen den atemberaubenden Ausblick. Und wir verstehen, woher der Name des Massivs stammt. Mit einer gewissen Distanz verlieren Kleinigkeiten und Kleinlichkeiten an Bedeutung. Der Fokus auf das wirklich Wichtige wird frei.

Der Berg enthält für unseren Lebensalltag eine Botschaft.

Wann reicht's?

Sind Sie an persönlichen Erfahrungen interessiert? Seit ich schreiben kann, notiere ich regelmässig Gedanken in ein Tagebuch. Falls Sie mögen, teile ich im Folgenden einige dieser Aufzeichnungen mit Ihnen.

1. November, 6.56 Uhr: Keuchend bin ich zum Bahnhof unterwegs. Noch fünf Minuten bis zur Abfahrt des Zuges.

6.58 Uhr: Das Köfferchen in meiner Hand schwingt immer schneller hin und her. Ich öffne den Mantel. Die frische Morgenluft tut gut und kühlt etwas ab. Noch fünfhundert Meter bis zum Bahnsteig.

7.00 Uhr: Noch eine Minute. Hundert Meter fehlen. Irgendetwas stimmt nicht. Mein Atem geht stockend. Statt wie in solchen Situationen üblich, tritt heute nicht warmer, sondern kalter Schweiss auf meine Stirn. Keine Zeit, mir jetzt darüber Gedanken zu machen.

7.01 Uhr: Ein paar Sekunden vor der Abfahrt stolpere ich in die überfüllte S-Bahn. Kein freier Sitzplatz weit und breit. Ich ringe nach Atem. Was ist nur los? Der Zug rollt an. Ich lehne mich an die Wand. Der Atem geht nach wie vor schnell, zu schnell. Ich spüre, dass mich die Kraft in den Beinen verlässt, und zwinge mich, tief durchzuatmen. Nein, bitte nicht …! Dann wird es dunkel.

Das nächste, woran ich mich erinnere, sind zwei Leute, die sich um mich kümmern. Ich liege am Boden. «Geht es wieder? Können Sie aufstehen?» Sie reichen mir etwas Wasser.

Ein bisschen Stress ist okay. Aber was ich mir an diesem Morgen und wohl schon in den vorangegangenen Tagen und Wochen zugemutet habe, war offenbar zu viel. Irgendetwas muss sich ändern, bevor es zu spät ist. Aber was? Und wie?

Dieser Vorfall passierte, nachdem ich bereits mehrere Jahre Zeitmanagement-Seminare moderiert hatte. Es ist so einfach, mit Ratschlägen zu brillieren und dennoch selbst in jene Fallen zu tappen, die Sie und ich genau kennen. Und von denen wir zu wissen glauben, dass sie uns nie erwischen.

Vielleicht kennen Sie das sogenannte Kartoffel-Prinzip: Den Kartoffeln gehen die Augen erst dann auf, wenn sie im Dreck stecken. Dieses Erlebnis war für mich persönlich so ein Augenöffner.

Es ist nun nicht so, dass ich das Thema «Umgang mit der Zeit» seither im Griff habe. Aber ich bleibe weiter dran, und in kleinen Schritten geht's vorwärts.

Wegweiser für die Prioritätensetzung

Ziemlich sicher haben Sie solche oder ähnliche Augenöffner-Erfahrungen selbst gemacht oder zumindest davon gehört. Das oben Erlebte zeigt ein paar fundamentale Grundsätze auf:

1. Der Entscheid liegt bei Ihnen.
   Wenn Sie so weitermachen, wie Sie es bis jetzt getan haben, dann wird es eines Tages einen Knall geben und Ihr Körper bzw. Ihre Gesundheit entscheidet für Sie. Wollen Sie *nicht* bis zu diesem Moment warten, dann müssen *Sie* bestimmen, etwas zu ändern – niemand sonst.

2. Dem Entscheid haben Taten zu folgen.
   Schon Winston Churchill hat festgestellt, dass «du kein Problem löst, indem du es auf Eis legst». Diese Taten haben zu allererst mit Prioritäten zu tun. Und Prioritäten zu setzen bedeutet in erster Linie zu entscheiden, was unerledigt bleiben soll. Also nicht zuerst: Das *tue* ich, sondern das tue ich *nicht!*

3. Besser geht's zu zweit
   Sie brauchen eine Vertrauensperson, die Sie in der Umsetzung ermutigt. Aus gewohnten Denkmustern und Traditionshandlungen auszubrechen, ist ein langer, oft mit Misserfolgen gespickter Weg. Diesen Weg zu zweit zu gehen, erhöht die Erfolgschancen ungemein.

In unseren Seminaren hören wir bei der Prioritätendiskussion regelmässig den entschuldigenden Hinweis auf Chefs, auf die Umgebung, auf eigene Prägungen. Dies sind zweifellos wichtige Einflussfaktoren. Aber die schlussendliche Verantwortung für unsere Entscheide kann uns niemand abnehmen. Dies gilt im Alltag, und dies gilt bis hin zu ganz extremen Lebensumständen. Viktor Frankl hat bei seiner Gefangenschaft im KZ Auschwitz solche Erfahrungen gemacht und in seinem Buch «Man's Search for Meaning» festgehalten: *«Alles kann dem Menschen genommen werden ausser der Freiheit, die eigene Haltung unabhängig von den Umständen zu wählen ... Die Persönlichkeit, die ein Gefangener entwickelte, war das Resultat einer inneren Entscheidung und nicht das Resultat der Einflüsse im KZ allein ... Jeder Mensch kann unter allen Umständen entscheiden, was aus ihm werden soll, mental und geistlich.*

Diese Freiheit, die nicht von uns genommen werden kann, macht das Leben sinnvoll und bedeutend.» Wenn wir uns bewusst sind, dass diese Freiheit in uns eingepflanzt ist, kann das eine Befreiung auslösen und zum Ausbrechen aus Denkgefängnissen und aus über lange Jahre vielleicht unbewusst gepflegten Verhaltensmustern führen. Prioritäten beginnen dort, wo wir anderen nicht mehr erlauben, uns unsere Freiheit zu nehmen. Prioritätensetzung fängt dort an, wo wir aufhören, anderen gefallen zu müssen.

4

Mount Focus

Den Fokus auf dem Fokus haben

Wenn die Prioritäten im Zentrum stehen, geht es zuerst um den Grundsatz «Maximierung des Outputs» versus «Maximierung des Wertes». Das Eisenhower-Prinzip visualisiert diesen Gedanken auf eine einfache und praktische Art: Die Unterscheidung von wichtigen und dringenden Aufgaben ist Ihnen von der Theorie her sicherlich bekannt. Auf die Frage, wie man die Dringlichkeit einer Aufgabe misst, herrscht bei den meisten unserer Seminarteilnehmer Einigkeit: der Termin. Dieser Termin führt dazu, dass es sich bei den dringenden, aber nicht zwingend wichtigen C-Aufgaben um «laute» Aufgaben handelt: Der Termin rückt dauernd wieder in mein Blickfeld. Bei Zeitplanungsinstrumenten wie Outlook ändert ja sogar die Schriftfarbe, um die Dringlichkeit zu visualisieren. Die Aufgaben rufen laut und deutlich: Erledige mich! JETZT! Dringende Aufgaben verlangen vom Typ her, dass ich darauf re-agiere.

Das Eisenhower-Prinzip

Ganz anders ist es bei den wichtigen, aber nicht dringenden B-Aufgaben. Auf die Frage, wie die Wichtigkeit einer Aufgabe gemessen wird, kommen Aspekte wie: «Dort, wo die grössten Risiken vorhanden sind», «Das, was der Chef will», «Dort, wo eine Kundenreklamation dahintersteckt». Diese letztgenannte Aussage ist nun allerdings eine typische A-Aufgabe (wichtig und dringend): Das ist eine Aufgabe, die sofort zu erledigen ist.

Die Messgrösse für die Wichtigkeit einer Aufgabe ist der Grad der Zielerreichung, welche Sie mit der Erledigung dieser Aufgabe erzielen: Wie viel bringt die Erfüllung dieser Aufgabe Sie Ihrem Tages-, Wochen-, Jahresziel näher? Diesen Aspekt möchten wir Ihnen ans Herz legen, falls das Thema Prioritäten für Sie persönlich relevant ist: Fragen Sie bei allem, was Sie tun, zuerst: Bringt mich dieser Schritt einem vordefinierten Ziel näher? Dies kann ein kurz- oder langfristiges berufliches Ziel sein. Oder es kann einen privaten Leitstern darstellen, dem Sie näherkommen wollen.

B-Aufgaben haben leider eine fatale Tendenz: Sie wandern beim Hinausschieben auf der Zeitachse langsam in Richtung zunehmender Dringlichkeit und werden so Schritt für Schritt zu einer A-Aufgabe. Der grosse Vorteil des Agieren-Könnens wird durch die Tyrannei des dringlichen Reagierens verdrängt.

Des Pudels Kern

Meine Familie und ich haben längere Zeit in Lateinamerika gelebt. Etwas, was mir von Mexiko geblieben ist, ist die Antwort auf die Frage, wann etwas erledigt wird: «Mañana.» Morgen kommt der Handwerker, um die Waschmaschine zu flicken. Morgen erledige ich diese unangenehme Aufgabe. Morgen gehen wir den Konflikt im Team an.

«Mañana siempre es mañana» – morgen bleibt immer morgen. So eine B-Aufgabe war für mich persönlich die Lösung der Frage, wie viel Zeit ich für Beruf und wie viel Zeit ich für die Familie einsetzen wollte. Immer und immer wieder habe ich meinem Umfeld und mir kommuniziert, dass die knappe Zeit für die Familie schliesslich «quality time» sei. Ein Argument, das so ziemlich alle anderen Argumente erschlägt. Aber irgendwann musste ich mir eingestehen, dass dieses Argument eine Rechtfertigung darstellte.

Einen Teil unserer Delegation nach Lateinamerika verbrachten wir in Brasilien. Diese Zeit war geprägt von der Geburt unserer ersten zwei Kinder sowie der Hyperinflation und der damit verbundenen Flucht unserer Kunden in die Sachwerte.

Diese Konstellation führte rasch zu Spagat-Situationen: Maschinen zu verkaufen macht als Verkäufer Spass, wenn das Geld der Kunden buchstäblich täglich an Wert verliert. Entsprechend viel war ich unterwegs. In diese Zeit hinein wurde unser erster Sohn geboren. Freude herrschte – Familie und Umsatz wuchsen. Als unser Sohn die ersten Schritte machte, flog ich für längere Zeit in den Nordosten des Landes, wo zu jener Zeit grössere Textilprojekte verfolgt wurden. Voll Vorfreude kehrte ich beim Abschluss dieses Einsatzes nach São Paolo zu meiner Familie zurück, gespannt zu sehen, wie sich unser Sohn entwickelte. Die Begrüssung durch meine Frau erfüllte meine Hoffnungen. Als mich aber unser Sohn sah, versteckte er sich hinter seinem Mami. Mein eigener Sohn erkannte mich nicht mehr, quality time hin oder her. Es kann wehtun, einen Spiegel vorgehalten zu kriegen.

Life Balance beginnt dort, wo auch der Ehepartner und die Kids erleben, dass die Waage im Gleichgewicht ist. Es hat lange gedauert, bis ich nicht nur im Kopf verstanden, sondern im Herzen akzeptiert hatte, dass meine Familie mit der Rolle als «Manipuliermasse» unzufrieden war. Ich bin dankbar, dass mir meine Frau und meine Kids bis heute immer wieder eine Chance gegeben haben.

B-Aufgaben sind Anforderungen, deren Verwirklichung Erfüllung und Sinn geben. Das sind jene Dinge, die zu einer Life-Balance führen, wo die vier grossen Lebensthemen Arbeit, Beziehungen, Gesundheit und Lebenssinn ins Gleichgewicht kommen (vgl. Tipp 3 aus Zwischenstopp 1 auf Seite 25f.). Sie stellen jene Herausforderungen dar, die uns die Bestätigung geben, dass wir wichtig sind, und uns in herausfordernden Zeiten Energie und Spannkraft geben. Es gibt wenig Ansätze, die mehr Wertschätzung und Freude zur Folge haben, als in der ganzen Tyrannei des Dringenden drin den Fokus auf den wirklich wichtigen Dingen zu halten. Das bedeutet aber auch, dass wir uns bewusst sind, wie wir Prioritäten setzen. Wir haben gesehen, dass es für die Prioritäten *eine* Messgrösse gibt: Klarheit in Zielen. Mit der Frage nach operativer Zielerreichung ist die Wichtigkeit dieses Aspektes aber nur teilweise berücksichtigt.

Der Ansatz «Was will ich bis heute Abend oder bis Ende des Jahres erreichen?» ist kurzfristig zentral. Aber er wird dem Thema Prioritäten nur bedingt gerecht und öffnet das Fenster für das grosse Ganze: Was bleibt von mir, wenn meine Zeit hier auf Erden zu Ende geht? Was für Spuren hinterlasse ich? Plötzlich wird klar, dass das, was uns im Alltag so intensiv beschäftigt, in der Endabrechnung nicht mehr zählt. Es geht dann um Fragen vom Fokus auf das wirklich Wichtige, um Nachhaltigkeit, um Spuren, und nicht mehr um Geld, materielle Fragen, Ansehen und Macht. Bei mir haben diese Gedanken dazu geführt, dass ich in zwei Sätzen mein Lebensziel formuliert habe. Dieses ausformulierte Lebensziel steht seit vielen Jahren hinter Glas auf meinem Pult. Es hilft, vom Ende her zu kommen und zu erkennen, welche Option die richtigere ist. Es gibt eine gewisse Gelassenheit, in Drucksituationen zu erkennen, was jetzt an der Reihe ist, was später – und was gar nicht. Es gibt die nötige innere Ruhe, mich über vermeintlich wichtige Dinge nicht mehr zu enervieren. Zudem führt so ein Wegweiser dazu, mir immer wieder bewusst zu werden, dass ich nicht das Opfer der Umstände bin, sondern getrost in Eigenverantwortung vorwärts gehen kann und soll.

Das hat ganz praktische Auswirkungen. Bei SERVUS haben wir entschieden, dass wir einen Teil unserer Arbeitszeit dafür einsetzen, Schweizer Hilfswerke bei ihren Projekten im Ausland zu unterstützen. Das sind ausserordentlich spannende und befriedigende, aber auch kräftezehrende und emotional anspruchsvolle Einsätze. So sitze ich beim Schreiben dieses Textabschnittes nach einem langen und intensiven Projekttag in einem Taxi in Hanoi. Ich überlege mir zudem, welche Aufgaben aus der Schweiz ich am Abend im Hotel zu erledigen habe. Das wilde Chaos des Abendverkehrs zwingt den Taxifahrer, sich im Schritttempo einen Weg durch das Gewusel von Fussgängern, Velofahrern auf der falschen Fahrbahn, Strassenverkäufern mit ihren Holzkarren, Motorrädern in rauen Mengen, Autos und Bussen zu bahnen. Da fällt mein Blick auf eines der vielen Strassenkaffees. Leute ganz verschiedenen Alters sitzen auf ihren niedrigen Plastikstühlen. Sie plaudern, lachen, relaxen nach getaner Arbeit und zeigen sich gegenseitig ihre neusten Handys. Diese Beobachtung führt zu einem dieser Augenöffner-Momente: Soll ich mir die verschiedenen Pendenzen nach diesem Tag wirklich noch antun? Oder soll ich mir gleich wie die vielen Leute hier einen freien Abend gönnen, und dabei endlich jene DVD geniessen, die ich seit Monaten im Koffer habe? Setze ich für mich heute um, was ich in all den Trainings «predige» und sage einfach mal nein? Nein, nicht jetzt! Es kämpft in mir. Das Taxi biegt hupend zum Hotel ab. Velos und Motorräder weichen aus; das Recht des Stärkeren gilt. An der Rezeption nehme ich meinen Zimmerschlüssel entgegen. Lächelnd begrüsst mich mein PC, als ich ins Zimmer trete. Er lädt mich ein: Nur rasch ein paar Mails beantworten …

Sechs Tipps zum Umgang mit Prioritäten

Das Ziel des Ausfluges auf den Mount Focus war es, unseren Blick auf die Wichtigkeit von Prioritäten neu zu schärfen.

Der französische Revolutionär Georges Danton hat einmal gesagt: «*Wenn das Gebäude in Flammen steht, mache ich mich nicht an die Lausbuben, die das Hausgerät stehlen! Ich lösche zuerst das Feuer.*» Manchmal brennen aber verschiedene Feuer parallel. Das erleben Sie und ich, das erleben viele Seminarteilnehmer im Alltag. So zum Beispiel ein Projektmanager aus einem Energieunternehmen, der folgende Situation schildert: «Ich arbeite an Aufgabe A. Dann kommt eine dringende Anfrage aus einer anderen Abteilung für eine Aufgabe B; dort zeichnet sich bereits ab, dass sich daraus weitere Nachfolgeaufgaben entwickeln. Soll und kann ich Aufgabe B einfach ablehnen bzw. zurückstellen und zuerst Aufgabe A bearbeiten?»

Oder jener Kundendienstleiter, der einen Tagesplan gemacht hat und nun von dringenden Kundenwünschen überrannt wird. Welcher Kunde hat Vorrang? Nein sagen allein hilft hier nicht mehr weiter. Und jener Abteilungsleiter, der von Sitzung zu Sitzung eilt: «Mein Terminkalender ist voller Sitzungen. Ich komme nicht mehr dazu, die Pendenzen aus den einzelnen Meetings fristgerecht zu erledigen, weshalb ich mir Zeitfenster blockiert habe. Die Reaktion aus dem Umfeld ist nun: ‹Du bist dauernd blockiert!› Wie gehe ich damit um?»

Falls Ihnen diese Situationen nur allzu bekannt vorkommen, können folgende Prioritäten-Tipps aus dem Reisekoffer der Praxisumsetzung zu mehr Konzentration, Ruhe und Gelassenheit in Ihrem Leben führen.

Tipp 1

Eine einfache Definition von zwei Kernbegriffen des Zeitmanagements hilft, die Dinge etwas klarer zu sehen:

Effizienz   = die Dinge richtig tun.
Effektivität = die richtigen Dinge tun.

Alles klar. Aber: Was kommt zuerst, die Dinge richtig zu tun oder die richtigen Dinge zu tun?

Auch klar: Zuerst kommt die Effektivität, dann die Effizienz.

Nur: Im Alltag läuft es oft anders: Wenn am Morgen schon Leute auf dringende Antworten warten und uns die Bude einrennen, dann ist die Effektivität bereits im Eimer. Und hier beginnt die Konsequenz der Prioritätensetzung: Die Zeit ist die knappste Ressource, die Ihnen zur Verfügung steht. Wenn Sie die Zeit nicht managen, dann können Sie das Management aller anderen Ressourcen vergessen. Ich bitte Sie innigst: Haken Sie hier ein. Optimieren Sie nicht alleine den Output, sondern optimieren Sie den Wert Ihrer Arbeit und der damit verbundenen Zeit. Prüfen Sie die Aufgaben Ihrer To-do-Liste. Was geht durch den Ziel-Filter durch? Was bleibt hängen? Seien Sie sich bewusst, dass die Sinnhaftigkeit bei der Arbeit einen enormen Motivator darstellt. Heute ist der erste Tag vom Rest Ihres Lebens – beginnen Sie deshalb heute, Ihre Prioritäten besser in den Griff zu kriegen!

Tipp 2

Legen Sie am Vorabend fest, welche drei bis vier Aufgaben Sie mit Top-Prio bis morgen Abend erledigt haben wollen. Überprüfen Sie am kommenden Morgen die Richtigkeit der Reihenfolge, passen Sie diese bei Bedarf an, und kehren Sie nach jeder Unterbrechung wieder zur selben Arbeit zurück – bis Sie diese erledigt haben. Vermeiden Sie Multitasking im Sinn von paralleler Erledigung verschiedenster Aufträge zur selben Zeit. Vielleicht sind Sie bei der Aufgabenerledigung von Informationen Dritter abhängig. Dann legen Sie diese Aufgabe zur Seite, bis die Infos vorliegen, und kehren dann sofort wieder zur Aufgabe zurück.

Tipp 3

Bei Mahlzeiten essen wir die Suppe vor dem Dessert, obwohl viele Menschen das Dessert lieber mögen als die Suppe. Dieses Prinzip lohnt sich auch bei der Prioritätensetzung anzuwenden: Es empfiehlt sich, zuerst unangenehmere Aufgaben zu erledigen und dann als Belohnung freie Bahn für angenehmere Aufgaben zu haben – die Suppe also vor dem Dessert zu bewältigen.

Tipp 4

Wenn Sie zu jenen Menschen gehören, die in ihrem Persönlichkeitsprofil einen hohen Anteil an Gewissenhaftigkeit aufweisen, dann gilt dieser Tipp speziell für Sie: Sie dürfen sich bewusst sein, dass Sie es nie allen recht machen können. Dafür ist der Tag schlicht zu kurz.

Tipp 5

Theoretisch ist Ihnen vieles bekannt. Es hapert aber bei der Umsetzung. In der Praxis führt folgender pragmatischer Ansatz zu Erfolgserlebnissen: Suchen Sie nicht die perfekte Lösung. Es ist besser die 80%-Lösung bei der Prioritätensetzung anzuwenden und vielleicht nur zu 30 oder 50% zu realisieren, als von der 100%-Lösung zu träumen. Lieber 30% Erfolg in der Prio-Setzung als 0%!

Tipp 6

Fangen Sie an, sich konsequent die Frage zu stellen: Was bleibt am Ende des Tages? «Lehre uns bedenken, dass wir sterben müssen, auf dass wir klug werden!»

Darf ich Ihnen zum Schluss dieses Ausflugs auf den Mount Focus zwei weitere Erfahrungen aus meinem persönlichen Tagebuch weitergeben?

Die Situation mit unserem Sohn, der nach meiner Rückkehr von einer Geschäftsreise gefremdet hatte, war für unseren Familienfrieden nicht gerade zuträglich. Glücklicherweise bekamen wir in Brasilien bald darauf Besuch von meinem Patenonkel, einem weisen, älteren Pfarrer. Er hat mich gefragt: «Willst du deine Familie für deine Karriere opfern?» Spontanreaktion von mir: «Natürlich nicht.» Seine Antwort: «Dann tu etwas. Lade deine Frau zum Beispiel zu einem monatlichen Eheabend ein. Oder verbringt einmal pro Jahr ein Ehewochenende miteinander. Nur ihr zwei. Keine Kinder (auch keine kleinen!), keine Freunde. Lernt wieder, miteinander über euch und nicht nur über Kinder und Beruf zu reden. Sondern über das, was euch persönlich bewegt.»

Es hat eine Weile gedauert. Dann habe ich es verstanden. *Ich musste es tun. Niemand sonst.* Seither sitzen meine Frau und ich jeweils gegen Ende des Jahres zusammen, schlagen unsere neuen

Agenden auf (ob Sie's glauben oder nicht: Vor ein paar Jahren bin ich wieder auf das System der Papieragenda zurückgekehrt) und reservieren jeweils einen Freitagabend pro Monat. Dieser Abend ist fix. Den verschieben wir nur, wenn es gar nicht anders geht. Im schlimmsten Fall verschieben wir ihn, streichen gibt's nicht. Wir gehen ins Kino, aufs Schiff, nehmen einen Drink, hören einander zu. Voll easy. Ohne Stress. Meistens, wenigstens. Ja, wir haben wieder gelernt, miteinander zu reden. Über uns und unsere Anliegen, über das, was uns wirklich beschäftigt. Dasselbe tun wir mit dem Ehewochenende. Ein schönes, kleines Hotel. Irgendwo abseits. Lassen uns verwöhnen und verwöhnen uns.

Und wissen Sie was? Wir haben sogar einen jährlichen Shoppingtag eingeführt, obwohl das definitiv nicht mein Ding ist. Aber heute bin ich so weit, dass ich mich auf diesen Event kurz vor Weihnachten freue. Dann kaufen wir nämlich unsere neuen Agenden und tragen unsere gemeinsamen Termine für das kommende Jahr ein. Lauter Termine, auf die wir uns gemeinsam lang im Voraus freuen, die unsere Beziehung stärken, die uns zeigen, dass es neben Geschäftsprioritäten noch anderes Wichtiges gibt.

Wäre das allenfalls auch ein Gedanke für Sie?

Und wollen Sie wissen, wie jener Abend nach der Taxifahrt in Hanoi ausgegangen ist? Er war wunderbar. Das verführerische Lächeln des PCs nützte ihm nichts. Der Film war eindrücklich; ich habe jeden Moment genossen und bin erst noch früh zu Bett gegangen. Und die Erde hat sich weiter gedreht, auch wenn die Leute in der Schweiz vierundzwanzig Stunden länger auf die Mail-Antwort warten mussten.

Gedanken, Bilder und Ideen Ihrer ganz persönlichen Zeit-Reise:

Einfache Werkzeuge – bei diszipliniertem Einsatz dennoch wirksam

Eldorado für asketische Sportler: Open-Air-Fitness-Studio in Nordvietnam

Zwischenstopp 5: Eldorado

Methoden und Werkzeuge im Zeitmanagement

Die Legende von Eldorado berichtet von einem Land voller Gold und wertvoller Schätze. Viele Reisende würden viel Geld ausgeben für den mythischen Schatz, der ihre Fragen, Nöte und Probleme mit dem Zeitmanagement für immer löst. Eldorado steht für das geheimnisvolle Land irgendwo in Südamerika. Ins vermeintliche Eldorado des Zeitmanagements führt uns der letzte Abschnitt unserer Reise.

Die Geschichte der Eroberung Südamerikas zeigt: Wer den Schatz besitzt, muss sich vor Neidern, Dieben und Mächtigen schützen. Sein Besitz führt zu Stress sowie zu eingeschränktem Blickfeld für die wichtigen Tätigkeiten, und er öffnet das Tor zur Fremdbestimmung.

Eldorado im Zeitmanagement symbolisiert jenen Wunschort, wo wir Methoden, Konzepte und Werkzeuge finden, mit denen wir unsere Zeit besser in den Griff kriegen. Wir laden Sie ein, beim folgenden Zwischenstopp Ihren persönlichen Reisekoffer zusammenzustellen und diesen künftig Ihren aktuellen Bedürfnissen anzupassen.

Der Ruf nach Werkzeugen und Methoden ist unüberhörbar: Wir alle sehnen uns nach etwas, woran wir uns halten können, das uns Struktur gibt, das unbestechlich ist. Zeitmanagement-Tools sind solche Rettungsanker, zumindest auf den ersten Blick. Es mag sein, dass wir nun Illusionen zerstören. Aber: Werkzeuge sind für 10%, vielleicht für 20% eines erfolgreichen Zeitmanagements verantwortlich. Der Rest hat mit Ihnen und Ihrer Haltung zu tun. Ist es Ihnen wirklich wichtig, bei sich selbst etwas zu ändern? Ist der Leidensdruck genügend gross, Lösungen umzusetzen, auch wenn sie nicht allen gefallen? Ist der Teamspirit ausreichend stark, gemeinsam Ansätze zu entwickeln, die nicht nur für einzelne, sondern im Team zur Entlastung führen? Diese persönliche Bereitschaft zur Umsetzung ist fundamental. Sie beginnt mit der Frage: «Wer ist der Chef von wem?» Sind *Sie* der Chef Ihrer Agenda, oder ist *die Agenda* Ihr Chef? Definieren *Sie,* was wann geschehen soll, oder lassen Sie sich von Outlook steuern?

Der erfolgreiche Einsatz von Zeitmanagement-Werkzeugen steht und fällt mit dem Primat der Eigenverantwortung: Wir haben oben gesehen, dass zuerst das kommt, was wirklich wichtig ist (Effektivität); erst *dann* folgt der Aspekt der Effizienz, bei dem die Werkzeuge Sie unterstützen. Sie erkennen zuerst, wie das grosse Bild aussieht. *Anschliessend* helfen Ihnen die Tools, Struktur zu geben.

Viele Werkzeuge haben wir in den vergangenen Kapiteln bereits vorgestellt. Auf den folgenden Seiten geben wir Ihnen einen Überblick über Denkmodelle und Tools, mit denen Sie Ihren persönlichen Reisekoffer komplettieren können.

Zu diesem Zweck zoomen wir in einem ersten Schritt auf eine Metaebene heraus und schauen mit Hilfe der Zeitmanagement-Pyramide zusammenfassend die wichtigsten Elemente an, die das Zeitmanagement ausmachen.

Anschliessend geht es darum, die konkreten Umsetzungsschritte für ein erfolgreiches persönliches Zeit- und damit Self-Management zu verinnerlichen. Dazu dient das Modell der siebenstufigen Zeitmanagement-Treppe.

Dann geben wir Ihnen mit der Zeitdiebe-Analyse ein Werkzeug in die Hand, mit welchem Sie die Frage beantworten können, in welchen Bereichen Sie heute bereits stark sind und wo Sie allenfalls welches Optimierungspotenzial haben.

Abschliessend stellen wir Ihnen zwei Tools vor, wie Sie künftig die Woche und die Pendenzen noch besser organisieren können.

Besonders wertvoll ist der Einsatz dieser Instrumente, wenn Sie diese nicht nur für sich selbst, sondern auch für Ihr Team und Ihr Umfeld einsetzen.

1. Die Zeitmanagement-Pyramide

Die Zeitmanagement-Pyramide ist ein Leitfaden, der auf einen Blick alle zentralen Elemente des Umgangs mit der Zeit zusammenfasst. Auch wenn wir vehemente Gegner von vereinfachenden Kochbuchrezepten für komplexe Herausforderungen sind, so helfen übersichtliche Modelle, Kernprinzipien verständlich darzustellen. Aus diesem Grund haben wir uns für die Entwicklung dieses Vier-Stufen-Ansatzes entschieden.

Basis der Pyramide bildet die Frage der Ziele. Erst wenn Sie Klarheit über die gewünschten Ergebnisse haben, machen die folgenden Schritte Sinn. Stufe 1 der Pyramide beantwortet die Frage nach dem *Warum:* Warum tun Sie das überhaupt?

Auf der zweiten Stufe definieren Sie die Prioritäten: Worauf richten Sie Ihren Blick und konzentrieren Sie Ihren Zeiteinsatz? Stufe 2 gibt Antwort auf das *Was:* Was möchten Sie umsetzen? Was nicht?

Die eigentliche Zeitplanung bildet Stufe 3 ab. Sie zeigt, *wie* Sie die gewählten Prios umsetzen: Wie viel Zeit haben Sie zur Verfügung? Wie teilen Sie sie für die Bewältigung der einzelnen Aufgaben ein? Welcher Tiefgang und welcher Detaillierungsgrad sind bei der Bearbeitung nötig?

Stufe 4 gleicht der Spitze des Eisberges: Sie ist das, was im Alltag konkret sichtbar wird, und umfasst Ihre momentane Tätigkeit. Die letzten Höhenmeter auf einer Bergtour sind oft die kräftezehrendsten. Hier braucht es Disziplin, um trotz aller Widrigkeiten dranzubleiben. Aber hier werden auch die erfolgreichen Vorbereitungen und die ganze Kraft von Zielen erlebbar, die Sie durch Rückschläge, Konflikte und andere Herausforderungen lotsen.

Stufe 4: Heute: Trägt das, was Sie jetzt tun, zur Zielerreichung bei?

Stufe 3: Tages-, Wochen-, Monatsplanung: Am Vorabend den nächsten Tag, am Freitag die nächste Woche planen.

Stufe 2: Prioritäten: Es geht ans Eingemachte: Wo müssen Sie trotz allem nein sagen? Worauf fokussieren Sie?

Stufe 1: *Das* Fundament des Zeitmanagements: Kurz-, mittel- und langfristige Ziele. Ohne sie geht es nicht.

2. Die sieben Stufen zum erfolgreichen Zeitmanagement

Die Zeitmanagement-Treppe zeigt auf, wie Sie in sieben Stufen nicht alleine die Zeit besser in den Griff kriegen, sondern sie auch mit mehr Sinn füllen.

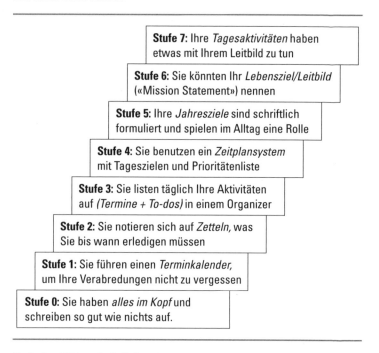

Stufe 0 Wahrscheinlich gehören Sie zu jenen, die das Grundprinzip des Zeitmanagements bereits leben: Zeitmanagement beginnt damit, die Dinge zu notieren. Dies hilft zum Beispiel dabei, nachts nicht schweissgebadet zu erwachen, weil Ihnen etwas in den Sinn kommt, was Sie gestern vergassen.

Stufe 1 Sie schreiben alle Ihre Termine an *einem* Ort auf. Berufliche und private Termine notieren Sie idealerweise im selben Tool. Das ideale Werkzeug gibt es nicht. Suchen Sie eine Methode, die für Sie stimmt und mit der Sie gerne und damit auch diszipliniert arbeiten.

Stufe 2 Post-it-Zettel haben einen grossen Vorteil: Wenn der Bildschirm damit bedeckt ist, dann wird für alle ersichtlich, dass die Zeit zum Handeln definitiv gekommen ist. Sonst haben sie im Zeitmanagement nur dann etwas verloren, wenn kurzfristig ein Gedanke oder eine Pendenz notiert werden soll. Übertragen Sie diese aber so bald wie möglich in Ihre Agenda – das Prinzip «Alles an einem Ort» ist für ein erfolgreiches Zeitmanagement absolut zentral.

Stufe 3 Notieren Sie Aufgaben *und* Termine. Reservieren Sie sich nicht nur die Zeit für Sitzungen und Kunden-Meetings, sondern auch für Aufgabenblöcke. Ab dieser Stufe wird die Effizienz zunehmen.

Stufe 4 Jetzt kommt das Augenmerk auf kurzfristige Ziele und Prioritäten zu liegen. Beginnen Sie erst mit der Bearbeitung von Ziel 2, wenn Sie Ziel 1 erreicht haben.

Stufe 5 Die Jahresziele dienen nicht nur für ein Gespräch am Jahresende oder für zwei, drei Zwischenreviews am Schluss der einzelnen Quartale, sondern sie dienen als Basis für die Erstellung der Wochen- und schlussendlich der Tagesziele.

Stufe 6 Seitdem Arbeit ein integraler Bestandteil unseres Lebens ist, spricht man nicht mehr von Work-Life-Balance, sondern von Life-Balance. Die Formulierung eines Lebenszieles führt dazu, dass Sie einen übergeordneten Wegweiser haben, der Ihnen bei heiklen Entscheiden oder vielleicht auch in einer Krise Hilfestellung geben kann. Er hilft Ihnen immer wieder bei der Fokussierung auf das, was Ihnen im Leben wirklich wichtig ist.

Stufe 7 Jetzt wird im Alltag sicht- und spürbar: Sie haben die Zeit im Griff und nicht umgekehrt. Weg aus der Tyrannei des Dringenden, hin zu mehr Gelassenheit und Ausgeglichenheit. Das, was Sie im Moment tun, trägt etwas zur Zielerreichung bei, beruflich und privat.

3. Selbstevaluation: Zeitdiebe und Zeitmanagement-Profil

Dass Kleinvieh auch Mist macht, gilt auch für Zeitdiebe: Hier fünf Minuten für ein unnötiges Mail, dort eine Sitzung zehn Minuten überzogen. Und dann diese Störungen – «nur rasch zwei Minuten ...». Mit der Zeit summieren sich diese kleinen Zeiteinheiten.

Der folgende Test gibt Ihnen die Möglichkeit zu einer Selbstevaluation: Wo haben Sie mit Blick auf Ihr Zeitmanagement persönliche Stärken? Schliesslich wären Sie nicht so weit gekommen, wie Sie heute sind, wenn Sie nicht vieles gut machen würden! Wo haben Sie auf der anderen Seite Grenzen im Umgang mit der Zeit?

Kreuzen Sie bitte für jede der folgenden 48 Aussagen jenes Kästchen an, das Ihr Verhalten im Alltag am besten beschreibt. Dabei bedeuten die Wertungen A bis E:

- A: stimmt überhaupt nicht
- B: stimmt fast nie
- C: stimmt nur teilweise
- D: stimmt fast immer
- E: stimmt voll und ganz

Aussagen	Wertung				
	A stimmt überhaupt nicht	**B** stimmt fast nie	**C** stimmt nur teilweise	**D** stimmt fast immer	**E** stimmt voll und ganz
1. Infolge der Komplexität meiner Arbeit kann ich den Tag nicht planen.					
2. Ich habe eine Reihe von klaren Zielen und arbeite systematisch auf sie zu.					
3. Die Zielerreichungen überprüfe ich regelmässig anhand von messbaren Grössen.					
4. Ich lebe bewegungsarm.					
5. Bei Problemen erwache ich nachts und kann nicht mehr einschlafen.					
6. Ich versuche, zu viele Aufgaben nebeneinander zu erledigen.					
7. Ich beschäftige mich oft mit Nebensächlichkeiten.					
8. Für jeden Tag bzw. für jede Woche stelle ich eine To-do-Liste mit Prioritäten auf.					
9. Ich habe das Gefühl, meine Arbeit wächst mir über den Kopf.					
10. Oft befasse ich mich mit Kleinkram.					
11. Für superdringende Aufgaben lasse ich alles stehen und liegen.					
12. In meinem Terminkalender trage ich nur Verabredungen mit anderen ein; eine Zeitplanung für die Erledigung meiner eigenen Aufgaben habe ich nicht.					
13. Zeitpläne und Fristen halte ich nur unter Termindruck ein, da immer etwas Unvorhergesehenes dazwischenkommt oder ich mir zu viel vorgenommen habe.					
14. In meinem Tagesplan reserviere ich täglich Pufferzeiten für Unvorhergesehenes.					

5

Eldorado

Aussagen	Wertung				
	A stimmt überhaupt nicht	**B** stimmt fast nie	**C** stimmt nur teilweise	**D** stimmt fast immer	**E** stimmt voll und ganz
15. Da ich ein spontaner Mensch bin, organisiere ich mich spontan.					
16. Die Tagesplanung orientiere ich an meinen mittel- und langfristigen Zielen.					
17. Für die Planung meiner Ziele, Aufgaben und Prioritäten fehlt mir die Zeit.					
18. Meine beruflichen und privaten Termine führe ich in derselben Agenda nach.					
19. Ich habe eine schriftliche Aufstellung meiner kurz-, mittel- und langfristigen Ziele.					
20. Ich habe ein für mich geeignetes Zeitplansystem gefunden. Dieses enthält Termine, Pendenzenverfolgung, Aktivitäten, Ziele und Prios.					
21. Mein Zeitplansystem (Papier/digital) habe ich immer bei mir und nutze es laufend.					
22. Zeit für mich zu reservieren ist in meinem beruflichen Alltag nicht realistisch.					
23. Ich benutze ein System, mit dem ich sicherstelle, dass ich Aufgaben in Ruhe erledigen kann (Telefon umstellen, geschlossene Türe, rot-grüner Button, ...)					
24. Das Telefon stört mich laufend, Besucher halten mich von der eigentlichen Arbeit ab, und die Kollegen unterbrechen mich oft mit Fragen.					
25. Es gelingt mir gut, den privaten Schwatz am Arbeitsplatz zeitlich zu begrenzen.					

Aussagen	Wertung				
	A stimmt überhaupt nicht	B stimmt fast nie	C stimmt nur teilweise	D stimmt fast immer	E stimmt voll und ganz
26. Oft springe ich von einer Aufgabe zur anderen.					
27. Wenn andere etwas von mir wollen, fällt mir das Nein-Sagen schwer.					
28. Meine Telefongespräche sind häufig zu lang.					
29. Vor Sitzungen liegen Traktandenlisten mit einem Zeitraster vor.					
30. Sitzungen dauern häufig zu lange und ihre Resultate sind für mich oft unbefriedigend.					
31. Nach Sitzungen ist klar, wer was bis wann zu erledigen hat.					
32. Unwichtige Fragen nehmen in Sitzungen zu viel Zeit in Anspruch.					
33. Termine, Verantwortlichkeiten und Entscheide werden in Sitzungsprotokollen festgehalten.					
34. Die Nachverfolgung von Terminen und die Umsetzung von Sitzungs-Entscheiden werden konsequent durchgeführt.					
35. Mein persönliches Ablagesystem funktioniert gut.					
36. Auf meinem Pult türmen sich Akten und Notizen.					
37. Für die Suche von Dokumenten an meinem Arbeitsplatz benötige ich viel Zeit.					
38. Oft erledige ich Dinge, die auch andere erledigen könnten.					
39. In der Zeit, die ich zum Delegieren einer Aufgabe brauche, habe ich die Aufgabe bereits erledigt.					

Aussagen	Wertung				
	A stimmt überhaupt nicht	B stimmt fast nie	C stimmt nur teilweise	D stimmt fast immer	E stimmt voll und ganz
40. Andere arbeiten nur sehr bedingt nach meinen Vorstellungen und Leistungsstandards. Wenn ich eine Aufgabe selbst erledige, dann bin ich auch sicher, dass sie richtig gemacht wird.					
41. Es ist mir wichtig, überall einbezogen und detailliert informiert zu sein.					
42. Dinge, die ich nicht zwingend selbst erledigen muss, delegiere ich weiter.					
43. Zeitmangel ist häufig der Grund für Kommunikationsprobleme.					
44. Der Informationsfluss in unserem Team sowie zwischen meinem Team und den «zugewandten Orten» ist gut.					
45. Unvollständige, verspätete Informationen führen öfters zu Missverständnissen oder gar zu Reibereien.					
46. Die Bearbeitung der täglichen Informationsflut beansprucht sehr viel Zeit.					
47. Grosse, zeitintensive und daher oft unangenehme Aufgaben schiebe ich vor mir her; ich habe Mühe, sie zu Ende zu führen.					
48. Meine Selbstdisziplin ist gut. Ich kann normalerweise erreichen, was ich mir vorgenommen habe.					

Übertragen Sie nun Ihre Antwort-Kreuzchen in die entsprechenden Positionen der untenstehenden Tabelle:

Aussagen	Wertung					Kategorie
	A	B	C	D	E	
1. Infolge der Komplexität meiner Arbeit kann ich den Tag nicht planen.	5	4	3	2	1	Einstellungen/Ziele
2. Ich habe eine Reihe von klaren Zielen und arbeite systematisch auf sie zu.	1	2	3	4	5	
3. Die Zielerreichungen überprüfe ich regelmässig anhand von messbaren Grössen.	1	2	3	4	5	
4. Ich lebe bewegungsarm.	5	4	3	2	1	
5. Bei Problemen erwache ich nachts und kann nicht mehr einschlafen.	5	4	3	2	1	
6. Ich versuche, zu viele Aufgaben nebeneinander zu erledigen.	5	4	3	2	1	Prioritäten
7. Ich beschäftige mich oft mit Nebensächlichkeiten.	5	4	3	2	1	
8. Für jeden Tag bzw. für jede Woche stelle ich eine To-do-Liste mit Prioritäten auf.	1	2	3	4	5	
9. Ich habe das Gefühl, meine Arbeit wächst mir über den Kopf.	5	4	3	2	1	
10. Oft befasse ich mich mit Kleinkram.	5	4	3	2	1	
11. Für superdringende Aufgaben lasse ich alles stehen und liegen.	5	4	3	2	1	
12. In meinem Terminkalender trage ich nur Verabredungen mit anderen ein; eine Zeitplanung für die Erledigung meiner eigenen Aufgaben habe ich nicht.	5	4	3	2	1	Zeitplanung
13. Zeitpläne und Fristen halte ich nur unter Termindruck ein, da immer etwas Unvorhergesehenes dazwischenkommt oder ich mir zu viel vorgenommen habe.	5	4	3	2	1	
14. In meinem Tagesplan reserviere ich täglich Pufferzeiten für Unvorhergesehenes.	1	2	3	4	5	

5 Eldorado

Aussagen	Wertung					Kategorie
	A	B	C	D	E	
15. Da ich ein spontaner Mensch bin, organisiere ich mich spontan.	5	4	3	2	1	Zeitplanung (Forts.)
16. Die Tagesplanung orientiere ich an meinen mittel- und langfristigen Zielen.	1	2	3	4	5	
17. Für die Planung meiner Ziele, Aufgaben und Prioritäten fehlt mir die Zeit.	5	4	3	2	1	
18. Meine beruflichen und privaten Termine führe ich in derselben Agenda nach.	1	2	3	4	5	Zeitplansysteme
19. Ich habe eine schriftliche Aufstellung meiner kurz-, mittel- und langfristigen Ziele.	1	2	3	4	5	
20. Ich habe ein für mich geeignetes Zeitplansystem gefunden. Dieses enthält Termine, Pendenzenverfolgung, Aktivitäten, Ziele und Prios.	1	2	3	4	5	
21. Mein Zeitplansystem (Papier/digital) habe ich immer bei mir und nutze es laufend.	1	2	3	4	5	
22. Zeit für mich zu reservieren ist in meinem beruflichen Alltag nicht realistisch.	5	4	3	2	1	
23. Ich benutze ein System, mit dem ich sicherstelle, dass ich Aufgaben in Ruhe erledigen kann (Telefon umstellen, geschlossene Türe, rot-grüner Button, ...)	1	2	3	4	5	
24. Das Telefon stört mich laufend, Besucher halten mich von der eigentlichen Arbeit ab, und die Kollegen unterbrechen mich oft mit Fragen.	5	4	3	2	1	Störungen
25. Es gelingt mir gut, den privaten Schwatz am Arbeitsplatz zeitlich zu begrenzen.	1	2	3	4	5	

Aussagen	Wertung					Kategorie
	A	B	C	D	E	
26. Oft springe ich von einer Aufgabe zur anderen.	5	4	3	2	1	Störungen (Forts.)
27. Wenn andere etwas von mir wollen, fällt mir das Nein-Sagen schwer.	5	4	3	2	1	
28. Meine Telefongespräche sind häufig zu lang.	5	4	3	2	1	
29. Vor Sitzungen liegen Traktandenlisten mit einem Zeitraster vor.	1	2	3	4	5	Sitzungen
30. Sitzungen dauern häufig zu lange und ihre Resultate sind für mich oft unbefriedigend.	5	4	3	2	1	
31. Nach Sitzungen ist klar, wer was bis wann zu erledigen hat.	1	2	3	4	5	
32. Unwichtige Fragen nehmen in Sitzungen zu viel Zeit in Anspruch.	5	4	3	2	1	
33. Termine, Verantwortlichkeiten und Entscheide werden in Sitzungsprotokollen festgehalten.	1	2	3	4	5	
34. Die Nachverfolgung von Terminen und die Umsetzung von Sitzungs-Entscheiden werden konsequent durchgeführt.	1	2	3	4	5	
35. Mein persönliches Ablagesystem funktioniert gut.	1	2	3	4	5	Organisation
36. Auf meinem Pult türmen sich Akten und Notizen.	5	4	3	2	1	
37. Für die Suche von Dokumenten an meinem Arbeitsplatz benötige ich viel Zeit.	5	4	3	2	1	
38. Oft erledige ich Dinge, die auch andere erledigen könnten.	5	4	3	2	1	Delegation
39. In der Zeit, die ich zum Delegieren einer Aufgabe brauche, habe ich die Aufgabe bereits erledigt.	5	4	3	2	1	

5

Eldorado

Aussagen	Wertung					Kategorie
	A	B	C	D	E	
40. Andere arbeiten nur sehr bedingt nach meinen Vorstellungen und Leistungsstandards. Wenn ich eine Aufgabe selbst erledige, dann bin ich auch sicher, dass sie richtig gemacht wird.	5	4	3	2	1	Delegation (Forts.)
41. Es ist mir wichtig, überall einbezogen und detailliert informiert zu sein.	5	4	3	2	1	
42. Dinge, die ich nicht zwingend selbst erledigen muss, delegiere ich weiter.	1	2	3	4	5	
43. Zeitmangel ist häufig der Grund für Kommunikationsprobleme.	5	4	3	2	1	Kommunikation & Information
44. Der Informationsfluss in unserem Team sowie zwischen meinem Team und den «zugewandten Orten» ist gut.	1	2	3	4	5	
45. Unvollständige, verspätete Informationen führen öfter zu Missverständnissen oder gar zu Reibereien.	5	4	3	2	1	
46. Die Bearbeitung der täglichen Informationsflut beansprucht sehr viel Zeit.	5	4	3	2	1	
47. Grosse, zeitintensive und daher oft unangenehme Aufgaben schiebe ich vor mir her; ich habe Mühe, sie zu Ende zu führen.	5	4	3	2	1	Aufschieberitis & Selbstdisziplin
48. Meine Selbstdisziplin ist gut. Ich kann normalerweise erreichen, was ich mir vorgenommen habe.	1	2	3	4	5	

Bei den in der Auswertung aufgeführten Kategorien handelt es sich um die elf Kernthemen im Zeitmanagement. Zählen Sie nun die Anzahl erzielter Punkte pro Kategorie zusammen und dividieren Sie diese durch die Anzahl Fragen jener Kategorie. Notieren Sie das Resultat für jede Kategorie.

Je höher die Punktzahl, desto besser haben Sie jenes Gebiet Ihres persönlichen Zeitmanagements im Griff. Wählen Sie nun jene beiden Bereiche aus, wo Sie die besten Resultate erreicht haben, und freuen Sie sich darüber, dass hier vieles gut läuft. Tragen Sie diesen Domänen Sorge!

Bestimmen Sie nun jene beiden Kategorien, wo die tiefste Punktzahl resultierte. Sind das jene Bereiche, wo nicht nur die Analyse, sondern auch Ihr Bauchgefühl sagt, dass Sie hier Optimierungspotenzial haben? Es lohnt sich, dass Sie sich für mögliche Entwicklungsschritte auf wenige Aktionsfelder konzentrieren.

Das untenstehende Werkzeug unterstützt Sie dabei, konkrete Umsetzungsschritte und den entsprechenden Zeitrahmen zu definieren. Überlegen Sie sich dabei, was sich nach der Umsetzung konkret ändern soll.

Übrigens: Was tun Sie eigentlich mit der so gewonnenen Zeit?

Massnahmen gegen meine Zeitdiebe	Ziele: Das soll sich konkret ändern	Zieltermin:

4. Pendenzenliste mit Planung der Aufgabendauer

Pendenzenlisten haben den grossen Vorteil, dass alle To-dos an einem Ort festgehalten sind. Die gängigen Tools haben aber den Nachteil, dass zwar Prioritäten und Abschluss- plus allenfalls Starttermine darin festgehalten sind. Was aber fehlt, ist eine Abschätzung der Aufgabendauer. Eine zusätzliche Spalte mit der geschätzten Dauer der Aufgabenerledigung gibt Ihnen die Möglichkeit, die Planung weiter zu verfeinern und zu verhindern, dass Sie kurz vor der Deadline unangenehme Überraschungen erleben.

Verantwortung	Termin	Arbeit/Tätigkeit	Dauer	Status

Tipps zum Gebrauch der Pendenzenliste:

- Spalte «Verantwortung»: Bei delegierten Aufgaben achten Sie bitte darauf, dass jeweils nur eine Person und nicht mehrere Leute oder gar ein ganzes Team als verantwortlich angegeben werden.
- Spalte «Termin»: Wählen Sie den Anfangstermin für eine Aufgabe so, dass bis zur Erledigung noch gewisse Zeitverzögerungen möglich sind, ohne dass sich der Endtermin nach hinten schiebt.
- Spalte «Arbeit/Tätigkeit»: Kennzeichnen Sie zusammengehörende Aufgaben, die Bestandteil desselben Themenbereiches oder Projektes sind, zum Beispiel mit einem Farbcode. So behalten Sie den Gesamtüberblick.
- Spalte «Dauer»: Geben Sie die geschätzte Dauer für die Erledigung der entsprechenden Aufgabe an. Es ist empfehlenswert, Aufgabenlängen von maximal zwei Stunden einzusetzen; länger dauernde Aufgaben brechen Sie besser in Teilaufgaben herunter, um die Planungsgenauigkeit zu erhöhen.
- Spalte «Status»: Die Statusspalte macht z. B. dann Sinn, wenn Sie mehrere Aufgaben desselben Projektes aufgeführt haben. So können Sie kontrollieren, ob Sie allenfalls in einen Flaschenhals im Gesamtprojekt geraten. Beschränken Sie dabei die Statusangaben auf 0, 25, 50, 75 und 100 %; genauere Angaben sind in der Regel unnötig, zeitaufwendig und vermitteln nur eine Pseudogenauigkeit.

Ein Zusatztipp aus unserer persönlichen Werkzeugkiste: Noch effektiver als das Führen einer zentralen Pendenzenliste ist die Zuordnung der Pendenzen direkt zur Tagesplanung. Dort sehen Sie am besten, wie gross der Zeitblock ist, über den Sie an jenem Tag verfügen werden, und können so rechtzeitig definieren, an welchem Tag Sie mit einer Aufgabe beginnen, um diese mit einer hohen Verbindlichkeit rechtzeitig abschliessen zu können.

5. Wochenplan

Als Faustregel gilt: Wer den Tag im Griff hat, ist bereit, die Woche in den Griff zu kriegen.

Beim Wochenplan geht es nicht darum, gleich detailliert wie beim Tagesplan zu disponieren, sondern sich einen Überblick zu verschaffen, welche Schwerpunkte im Vordergrund stehen.

Das folgende Tool zeigt Ihnen das Beispiel eines Wochenplaners.

Der nächste Tag beginnt am Vorabend. Und die nächste Woche beginnt vor dem Start ins Wochenende. Es ist deshalb wertvoll, wenn Sie am Freitag alleine oder zusammen mit Ihrem Team die Schwerpunkte der kommenden Woche festlegen. So wissen Sie im Team gegenseitig, was bis wann passiert, und können erst noch mit der Gewissheit ins Weekend gehen: Das, was Sie planen konnten, haben Sie geplant. Lassen Sie bei der Planung genügend Zeit für Überraschungen und Unvorhergesehenes offen!

Falls Sie die Besprechung mit Ihrem Team durchführen, können zwei Tipps hilfreich sein:

1. Dieses Meeting soll maximal 30 Minuten dauern. Verwechseln Sie die Wochenplanung nicht mit einer Projektsitzung.
2. Legen Sie pro Person maximal drei Wochenziele (= Wochenaufgaben) fest. So können Sie die erwünschte Fokussierung mit einem einfachen Werkzeug fördern.

	Mitarbeiter	Mitarbeiter	Mitarbeiter
Montag			
Dienstag			
Mittwoch			
Donnerstag			
Freitag			
Samstag			
Sonntag			
Wochenziele: 1. 2. 3.			
Prioritäten			
Bemerkungen			

Gedanken, Bilder und Ideen Ihrer ganz persönlichen Zeit-Reise:

Reflexion zum Schluss der Reise

Erholung und Austausch nach einem anstrengenden Markttag:
Frauen an einem Strassenrand in Saigon (Südvietnam)

Epilog
Zeit ohne Ende

Unsere Reise geht zu Ende. Darf ich Ihnen eine letzte Geschichte aus meinem Tagebuch weitergeben? Sie hat mich über viele Jahre immer wieder eingeholt.

Seit ich mich erinnern kann, hat mein Vater davon geschwärmt, wie schön die Birkenwälder in Finnland sein sollen. Endlose Wälder, weisse Stämme, saftiges Grün vor blauem skandinavischem Himmel. Er hat davon geträumt, wie er diese Wälder nach seiner Pensionierung besuchen würde. Das Rauschen der Blätter, das Knacken der Äste, das endlose Gefühl von Freiheit. Mit knapp sechzig Jahren hat er während eines Besuches bei uns in Brasilien sein Augenlicht verloren, zwei Jahre später ist er gestorben, kurz vor der Pensionierung. Die finnischen Birkenwälder hat er nie gesehen.

Meine Frau und ich haben seinen Traum im Sommer 2015 gelebt. Die Wälder waren noch weiter als in unseren Vorstellungen, der Himmel noch blauer und die Vielfalt der Grüntöne schlicht phänomenal. Es hätte ihm gefallen. Finnland wurde uns zu einem Symbol dafür, unsere Zeit nicht nur optimal nutzen zu wollen, sondern sie bewusst zu erleben. Jeder Tag ist ein Geschenk, das wir annehmen und gerne öffnen dürfen.

Zurück zuhause haben wir einem Kunstmaler den Auftrag gegeben, ein Birkenwald-Gemälde zu schaffen. Sein Werk schmückt nun unsere Wohnung. Es erinnert uns an erfüllte und erfüllende Stunden. Und es ermutigt uns, unsere Träume zu wagen, solange wir können. «Lehre uns bedenken, dass wir sterben müssen, auf dass wir klug werden.»

Gott segne Sie auf Ihrem Weg.

Gedanken, Bilder und Ideen Ihrer ganz persönlichen Zeit-Reise:

Firmenporträt SERVUS business development:

Professionelle, zielgerichtete und kosteneffiziente Unterstützung ist der Leitgedanke von SERVUS in unseren Hilfe-zur-Selbsthilfe-Projekten in der Schweiz wie auch in Ländern der zweiten und dritten Welt. Wir begleiten ausschliesslich Organisationen, von deren Transparenz und ethischer Ausrichtung wir überzeugt sind.

Vision

SERVUS aktiviert und fördert das existierende Potenzial bei Firmen und NGOs. Die Vision basiert auf drei Grundpfeilern:

1. Multiplikation
2. Vertrauen
3. Bewältigen von Engpasssituationen

Mission

SERVUS ist einer der führenden Anbieter in den Bereichen Seminare, Coaching und Beratung.

Transparenz, offene Kommunikation und gegenseitiges Vertrauen bilden die Basis der Zusammenarbeit mit unseren Kunden. Geschäftsethische Grundwerte sind die Leitplanken für all unsere Entscheide und stehen am Anfang unseres Firmenerfolges.

Credo

Kundenzufriedenheit steht im Zentrum unserer Dienstleistung. Wir messen sie deshalb regelmässig. Die Resultate fliessen in den kontinuierlichen Optimierungsprozess von SERVUS ein.

Das Denken und Handeln der Mitarbeiter von SERVUS basiert auf christlichen Werten und zeichnet sich aus durch hohe Professionalität und moderne Arbeits- und Management-Methoden.

Mit Hilfe-zur-Selbsthilfe-Einsätzen leisten wir in Zweit- und Drittweltländern einen Beitrag zum Aufbau nachhaltiger Projekte.

SERVUS-Dienstleistungen im Überblick

Seminare – Freude am Lernen

- Marktorientierung: Verkaufsseminar
- Kommunikation: Gesprächsführung und Konfliktmanagement
- Leadership: Management-Toolbox, Führen mit Werten, Führungspraxis, Rechnungslegung für NPOs
- Kompetenzen: Zeitmanagement, Selbst- und Stressmanagement, Projektmanagement
- Organisationsentwicklung inklusive Nachfolgeplanungen

Coaching – mit Herz

Fachlich auf Augenhöhe, persönlich auf derselben Welle und eine starke Vertrauensbasis – das sind die drei Grundpfeiler für ein erfolgreiches und nachhaltiges Coaching.

SERVUS begleitet die Kunden als Einzelne oder in Gruppen. Ein Entwicklungsprozess in 4 Schritten garantiert ein strukturiertes Vorgehen und führt zu messbaren Veränderungen.

Beratung – von Profis für Profis

Zentrales Anliegen von SERVUS ist es, seine Kunden zeit- und kostenoptimal zu beraten. Die Berater von SERVUS sprechen die Sprache von KMU, Grosskonzernen und NGOs und vermitteln breite Erfahrung aus eigener Praxis. Alles aus einer Hand. Details finden Sie auf www.servus.ch.

Literaturverzeichnis

Zwischenstopp 1: Stress-City
Mihaly Csikszentmihalyi, Flow im Beruf, Das Geheimnis des Glücks am Arbeitsplatz, Klett-Cotta, 2014
Johannes Czwalina, Karriere ohne Reue, So schaffen Sie Sinn und Lebensqualität trotz Leistungsdruck, F.A.Z., 2. Auflage, 2011
Klaus Linneweh, Armin Heufelder, Monika Flasnoecker, Balance statt Burn-out, Der erfolgreiche Umgang mit Stress und Belastungssituationen, W. Zuckschwert Verlag, 2011
Michael Opitz, Speed – Auf der Suche nach der verlorenen Zeit (DVD), 2013
Lothar Seiwert, Ausgetickt, Lieber selbstbestimmt als fremdgesteuert, Ariston, 2011

Zwischenstopp 2: Grossstadt Fremdbestimmung
Miguel de Cervantes, Don Quijote, Anaconda, 2010
Stephen R. Covey, The seven habbits of highly effective people (Originaltitel), auf Deutsch erschienen unter «Die sieben Wege zur Effektivität», Gabal-Verlag, 2005
Werner Sombart, Zur Geistesgeschichte des modernen Wirtschaftsmenschen, Franz Steiner Verlag, 1913
Reinhard K. Sprenger, Prinzip Selbstverantwortung – Wege zur Motivation, Campus Verlag, 2002

Zwischenstopp 3: Deviation Town
Johannes Czwalina, Karriere ohne Reue, So schaffen Sie Sinn und Lebensqualität trotz Leistungsdruck, F.A.Z., 2. Auflage, 2011
Anselm Grün, Kraftvolle Visionen gegen Burnout und Blockaden, Kreuz Verlag, 2012
Handelsblatt, http://www.handelsblatt.com/unternehmen/management/koepfe/umfrage-unter-entscheidern-steigender-druck-raubt-managern-den-schlaf/10070290.html
Gloria Mark, No Task Left Behind? Examining the Nature of Fragmented Work, http://www.ics.uci.edu/~gmark/CHI2005.pdf
Staatssekretariat für Wirtschaft (seco), Direktion für Arbeit: Stressstudie 2010, Stress bei Schweizer Erwerbstätigen, www.seco.admin.ch, www.news.admin.ch/NSBSubscriber/message/attachments/24101.pdf

Zwischenstopp 4: Mount Focus
Victor Frankl, A Man's Search for Meaning, Beacon Press, Boston, 2006

Impressum

Bildnachweis
Seite 12, 36, 68, 114, 144, Umschlagbild: Christian Sartorius
Seite 90: Cuong le Manh
Photohinweise: Die Photos entstanden bei unseren Einsätzen in Vietnam.
Die digitale Überarbeitung übernahm Genausographik, Zürich.

Bibliografische Information der Deutschen Nationalbibliothek
Die Deutsche Nationalbibliothek verzeichnet diese Publikation in der Deutschen Nationalbibliografie; detaillierte bibliografische Daten sind im Internet über http://dnb.dnb.de abrufbar.

Das Werk einschliesslich aller seiner Teile ist urheberrechtlich geschützt. Jede Verwertung ist ohne Zustimmung des Verlags und der Autoren unzulässig. Dies gilt insbesondere für Vervielfältigungen, Übersetzungen, Mikroverfilmungen und die Einspeicherung und Verarbeitung in elektronischen Systemen.

© 2016 Versus Verlag AG, Zürich

Weitere Informationen zu Büchern aus dem Versus Verlag unter www.versus.ch

Satz und Herstellung: Versus Verlag · Zürich
Druck: Comunecazione · Bra
Printed in Italy

ISBN 978-3-03909-226-0

Über die Autoren

Christian Sartorius hat an der ETH Zürich den Master als dipl. Maschineningenieur gemacht und später am INSEAD in Paris und am IMD in Lausanne Marketing und Unternehmensführung vertieft. Mehrjährige Delegationen für die Firma Sulzer nach Brasilien und Mexiko weckten das Interesse an der Führung und Begleitung von internationalen Teams und der Vernetzung von Fähigkeiten über Kultur- und Landesgrenzen hinweg.

2002 entschied er sich für einen kompletten Kurswechsel und stieg in der Schulungs-, Coaching- und Unternehmensberatungsfirma SERVUS business development ein. Heute leitet er diese Firma als Geschäftsführer und Besitzer.

Zentrales Anliegen von Christian Sartorius ist es, bei Menschen und Organisationen gelebte Eigenverantwortung und Umsetzung von Werten zu stärken. Er begleitet NGOs u.a. in Vietnam, Rumänien und Armenien.

Daniel Schweizer leitet als Trainer/Coach bei SERVUS Seminare zu den Themen Zeit- und Selbstmanagement, Kommunikation und Persönlichkeitsentwicklung. Er hat einen Abschluss als Erwachsenenbildner. Aus- und Weiterbildungen machte Daniel Schweizer in Kommunikation und Theologie.

Zu seinen Leidenschaften gehört, Menschen auf dem Weg zu einem proaktiven Lebensstil zu begleiten. In Einzelcoachings erarbeitet Daniel Schweizer praktisch umsetzbare Lösungen.

Daniel Schweizer verfasste das Vorwort und die Zwischenstopps Stress-City sowie Deviation Town. Christian Sartorius ist Autor der Kapitel Grossstadt Fremdbestimmung, Mount Focus, Eldorado sowie des Epilogs.